A comunicação nas celebrações litúrgicas

SERVIÇO À PASTORAL DA COMUNICAÇÃO
COLEÇÃO PASTORAL DA COMUNICAÇÃO: TEORIA E PRÁTICA

A. *Série Manuais* (aplica, na prática, os conteúdos laboratoriais realizados no Sepac)
   1. Rádio: a arte de falar e ouvir (Laboratório)
   2. Jornal impresso: da forma ao discurso (Laboratório)
   3. Publicidade: a criatividade na teoria e na prática (Laboratório)
   4. Teatro em comunidade (Laboratório)
   5. Internet: a porta de entrada para a comunidade do conhecimento (Laboratório)
   6. Mídias Digitais - produção de conteúdo para a web (Laboratório)
   7. Oratória: técnicas para falar em público
   8. Espiritualidade: consciência do corpo na comunicação
   9. Vídeo: da emoção à razão (Laboratório)

B. *Série Dinamizando a comunicação* (reaviva, sobretudo nas paróquias, a Pastoral da Comunicação para formar agentes comunicadores)
   1. Dia Mundial das Comunicações Sociais – Maria Alba Vega
   2. Comunicação e família – Ivonete Kurten
   3. Pastoral da Comunicação: diálogo entre fé e cultura – Joana T. Puntel e Helena Corazza
   4. Homilia: a comunicação da Palavra – Enio José Rigo
   5. Geração Net: relacionamento, espiritualidade, vida profissional – Gildásio Mendes
   6. A comunicação nas celebrações litúrgicas – Helena Corazza

C. *Série Comunicação e cultura* (oferece suporte cultural para o aprofundamento de temas comunicacionais)
   1. Cultura midiática e Igreja: uma nova ambiência – Joana T. Puntel
   2. Comunicação eclesial: utopia e realidade – José Marques de Melo
   3. INFOtenimento: informação + entretenimento no jornalismo – Fábia Angélica Dejavite
   4. Recepção mediática e espaço público: novos olhares – Mauro Wilton de Sousa (org.)
   5. Manipulação da linguagem e linguagem da manipulação: estudando o tema a partir do filme A fuga das galinhas – Claudinei Jair Lopes
   6. Cibercultura sob o olhar dos Estudos Culturais – Rovilson Robbi Britto
   7. Fé e Cultura; desafio de um diálogo em comunicação – Celito Moro
   8. Jovens na cena metropolitana: percepções, narrativas e modos de comunicação – Silvia H. S. Borelli, Rose de Melo Rocha, Rita de Cássia Alves de Oliveira (orgs.)
   9. Comunicação: diálogo dos saberes na cultura midiática – Joana T. Puntel
   10. Igreja e sociedade. Método de trabalho na comunicação – Joana T. Puntel

Helena Corazza

A comunicação nas celebrações litúrgicas

Dados Internacionais de Catalogação na Publicação (CIP)
(Câmara Brasileira do Livro, SP, Brasil)

Corazza, Helena
 A comunicação nas celebrações litúrgicas / Helena Corazza. – São Paulo : Paulinas, 2015. – (Coleção pastoral da comunicação : teoria e prática. Série dinamizando a comunicação)

 Apoio: SEPAC
 Bibliografia.
 ISBN 978-85-356-4006-9

 1. Comunicação de massa 2. Comunicação e cultura 3. Igreja Católica - Liturgia 4. Igreja e comunicação de massa I. Título. II. Série.

 15-08058 CDD-261.52

Índices para catálogo sistemático:

1. Comunicação e liturgia : Teologia social : Cristianismo 261.52
2. Liturgia e comunicação : Teologia social : Cristianismo 261.52

Direção-geral:
Bernadete Boff

Editora responsável:
Vera Ivanise Bombonatto

Copidesque:
Mônica Elaine G. S. da Costa

Coordenação de revisão:
Marina Mendonça

Revisão:
Sandra Sinzato

Gerente de produção:
Felício Calegaro Neto

Editoração eletrônica:
Manuel Rebelato Miramontes

1ª edição – 2015
1ª reimpressão – 2016

Nenhuma parte desta obra poderá ser reproduzida ou transmitida por qualquer forma e/ou quaisquer meios (eletrônico ou mecânico, incluindo fotocópia e gravação) ou arquivada em qualquer sistema ou banco de dados sem permissão escrita da Editora. Direitos reservados.

SEPAC – Serviço à Pastoral da Comunicação

Rua Dona Inácia Uchoa, 62 - Bloco A - 2º andar - Vila Mariana
04110-020 – São Paulo – SP (Brasil)
Tel.: (11) 2125-3540
http://www.sepac.org.br – sepac@paulinas.com.br

Paulinas

Rua Dona Inácia Uchoa, 62
04110-020 – São Paulo – SP (Brasil)
Tel.: (11) 2125-3500
http://www.paulinas.org.br – editora@paulinas.com.br
Telemarketing e SAC: 0800-7010081

© Pia Sociedade Filhas de São Paulo – São Paulo, 2015

Sumário

Introdução 9

Parte I – COMUNICAÇÃO E LITURGIA 13
1. A comunicação brota da interioridade 17
   1.1. O ser humano é comunicação 18
2. Comunicação, processo relacional 21
   2.1. Relacionamento consigo mesmo(a) 22
   2.2. Comunicar é entrar em sintonia 23
   2.3. Sintonia com a assembleia 25
3. Comunicação e postura corporal 27
   3.1. Comunicação pelo olhar 28
   3.2. Comunicação pelo ouvido 29
   3.3. Comunicação pelo espaço/visual 30
      Vestes 31
      Cenários 31
      Procissões 32
      Livro 33
   3.4. Comunicação pelo silêncio 33
      Momentos de silêncio 34
      Silêncio durante a celebração 35

Parte II – LITURGIA DA PALAVRA 37
1. Comunicação pela Palavra 39
   1.1. Gêneros literários 39

1.2. Como proclamar em cada gênero 40
2. Comunicação da Palavra 43
   2.1. Leitura Orante da Palavra 44
   2.2. A pessoa do(a) leitor(a) 45
      Capacidade de emocionar e de emocionar-se ... 46
      Passos para uma boa leitura 46
   2.3. Comentarista 48
   2.4. Equipe de celebração 50
   2.5. Comunicados finais (avisos) 52
3. O ser humano como mediação 55
   3.1. Postura diante da assembleia 56
   3.2. A dimensão do mistério 56
4. Material de apoio 59
   4.1. Técnicas de voz – Exercícios para melhorar a técnica vocal 59
   4.2. Ficha de avaliação pessoal 62
   4.3. Ano litúrgico – Tempos 63

PARTE III – COMUNICAÇÃO E CULTURA
NOVAS POSSIBILIDADES DE COMUNICAR 65
1. Mudanças na linguagem 67
2. Desafios para a evangelização 71
3. A mídia eletrônica a serviço da fé 73
   3.1. Transmissões de celebrações litúrgicas pelas mídias eletrônicas e digitais 74
   3.2. A linguagem das mídias 75
   3.3. Apontamentos para transmissão de missas 76

4. Uso de equipamentos nas celebrações............... 81
    4.1. Uso do microfone nas igrejas
    e em outras ocasiões 82
    4.2. Como falar ao microfone em rádio, televisão
    e *web* 83
5. Roteiro para transmissão de missa pelo rádio –
Indicações 85
6. Roteiro para missa de televisão e *web* TV – Indicações.... 91
    Roteiro – Missa de televisão – Modelo 1 94
    Roteiro – Missa de televisão – Modelo 2 101
7. Transmissão pela *web*..................................... 107
8. Decálogo para comunicar-se melhor.................... 111

Considerações finais.. 113
Referências bibliográficas..................................... 115

Introdução

O tema da comunicação e da liturgia é extenso e complexo. Envolve estudos específicos de cada área, tanto das ciências da comunicação quanto da teologia, e, neste caso, é necessário ter em conta as orientações litúrgicas e a prática eclesial. Pessoas, linguagens, ritos somam-se para celebrar, com alegria e fé, o mistério da comunicação de Deus com o seu povo. A bibliografia no que diz respeito à liturgia é ampla e orienta as comunidades em momentos orantes e criativos para celebrar.

No que diz respeito à comunicação na liturgia, o que desafia é o *modo de comunicar*. Para comunicar-se bem é preciso levar em conta uma série de elementos em relação à liturgia e à comunicação, pois a ação litúrgica torna-se mais ou menos inteligível e vivida, dependendo de como a comunicação é realizada. O aspecto comunicacional torna as celebrações litúrgicas mais ou menos agradáveis e participativas pela "unção" e vivência de quem preside e no trabalho das diversas equipes.

Dada a complexidade e abrangência do tema, este trabalho faz um recorte e privilegia o *modo de comunicar nas comunidades e nas transmissões pela mídia*. Por isso, se detém no aspecto comunicacional, que depende do ser humano para tornar possível e inteligível o mistério de Deus e de sua comunicação. Por *modo de comunicar* queremos ressaltar o cuidado que deve estar presente em todas as liturgias, que incluem os sacramentos, celebrações da Palavra, cultos, missas. Os ministros(as) e agentes pastorais precisam tomar consciência da importância da comunicação em todos os momentos celebrativos, como preparação e realização do Batismo; preparação e realização da Crisma; catequese para as diversas idades; celebrações penitenciais e a celebração do sacramento; unção dos enfermos e visita aos doentes em hospitais e em suas casas; preparação e realização dos casamentos; celebração das exéquias ou pastoral da esperança, para citar algumas. A comunicação precisa do cuidado em todos os momentos em que a comunidade se reúne para celebrações e nas visitas missionárias de uma Igreja "em saída".

O que abordamos neste livro interessa a todos(as) os(as) que se envolvem, sobretudo, na Comunicação da Palavra. Há um enfoque maior nas missas e celebrações de Palavra, pois este é um momento privilegiado e muitos têm apenas esse contato com a comunidade cristã. Traz alguns acenos ao *Diretório de Comunicação da Igreja no Brasil*, no que diz respeito à comunicação na liturgia nas comunidades e transmissões.

O *modo de comunicar* quer significar a necessidade de trabalhar a pessoa que comunica e a comunicação presente em todas as pastorais: a acolhida, o ambiente, a comunicação da Palavra de Deus que ilumina, pois ela é viva e eficaz.

Toda comunicação precisa chegar até as pessoas e tocá-las. A palavra, o gesto, os cantos, tudo deve estar de tal maneira em harmonia que ajude as pessoas a se sentirem integradas e elevadas. Tudo deve levar à concentração e não à distração e dispersão. Também a tecnologia precisa de habilidade para ser usada de modo a contribuir para a eficácia da celebração e não provocar ruídos.

O livro está organizado em três partes.

A primeira trabalha a comunicação enquanto processo relacional onde o ser humano é mediador, qualificando o seu modo de comunicar na interação com a assembleia. O foco da comunicação volta-se, ainda, para os aspectos visuais, sonoros, o espaço e o silêncio que fazem parte das celebrações, tendo em vista a comunicação da Palavra.

A segunda parte tem como foco a Liturgia da Palavra, alguns gêneros literários básicos para preparar-se para a proclamação da Palavra. Trabalha também a pessoa do leitor, as equipes de celebração e o material de apoio para aprimorar a leitura.

A terceira parte sinaliza para as mudanças culturais e a comunicação como um paradigma a ser considerado. Com o intuito de atender às comunidades que transmitem celebrações por rádio, televisão e internet, bem como por *web rádios* e *web tvs*, são colocadas informações básicas para preparar as transmissões e facilitar seu desempenho, e até mesmo alguns roteiros.

Na parte final, há um decálogo com dicas para uma melhor comunicação, que recorda alguns pontos essenciais. As referências bibliográficas também podem contribuir para leituras em vista da formação contínua no campo da comunicação e da liturgia.

Comunicar-se bem nas liturgias é um processo contínuo de aprendizado, pois cada liturgia precisa ser preparada e vivida como se fosse a primeira e única. Estes são apenas alguns apontamentos. Esperamos que sejam úteis e ajudem a pensar e a melhorar o *modo de comunicar* nas celebrações litúrgicas. Para que haja uma boa celebração, tanto nas igrejas quanto nas transmissões pela mídia e internet, *é preciso que as pessoas estejam preparadas para comunicar e compenetradas do mistério que vão celebrar.*

Parte I
Comunicação e liturgia

Quando se fala em comunicação na liturgia, pensa-se logo em técnicas modernas, e quanto mais avançadas, melhor; pensa-se em pessoas preparadas, conhecimento, visualidade, sonoridade e em tantos outros aspectos. Entretanto, a liturgia é comunicação em toda a sua expressão: verbal, simbólica, ritual e como mistério de Deus, que é comunicação em si mesmo, realizando-se pela mediação humana.

A comunicação, por sua vez, é um processo relacional que adquire sentido e significado e vai sendo construído. O ser humano é, por natureza, um ser comunicativo e se expressa com palavras, gestos e símbolos. A comunicação é sempre uma relação do eu para o tu e vice-versa, com interação entre os participantes.

O documento de Puebla (1978) afirma que "Liturgia é em si mesma comunicação" (1086). Como ação simbólica ela passa pela mediação de símbolos, ritos, pessoas. Uma comunicação que envolve o ser humano por inteiro: corpo, sentidos, ouvido, tato, olfato, olhar, pensar, sentir, falar e atuar. Talvez tenhamos dado pouca atenção ao modo como a ação litúrgica nos envolve ou deixa de envolver. Daí a importância da comunicação que se torna comunhão, relacionamento próximo.

O Documento 59 da CNBB, "Igreja e comunicação rumo ao Novo Milênio", sinaliza que um dos desafios atuais é o modo de comunicar nas celebrações:

> Um dos espaços privilegiados de comunicação é o encontro litúrgico semanal: Eucaristia, celebrações comunitárias, cultos. Para que ele seja, de fato, comunicacional, a equipe litúrgica deve ter cuidado com a *linguagem*, uma vez que toda liturgia está marcada pelo simbólico: o espaço físico, os gestos, as vestes, as cores, a ornamentação, a palavra proclamada, o canto e o silêncio (cf. Doc. 59, CNBB, § 30).

As mudanças culturais são rápidas e os paradigmas se modificam, desafiando à mudança no modo de comunicar. Em sua trajetória de mais de dois mil anos, a Igreja sempre se comunicou. Em cada época, as formas foram diferentes. Hoje vivemos a cultura da comunicação e se faz necessário considerar este momento.

Entre os primeiros registros de comunicação conhecidos na tradição da Igreja, está a comunicação através da liturgia: símbolos utilizados, imagens, sinais, ritos para ajudar a viver o momento sagrado da celebração. E o rito não se explica, vive-se. Alguns símbolos como o pão, o vinho, o peixe estão nos registros históricos das celebrações.

A Constituição do Concílio Vaticano II sobre a Sagrada Liturgia *Sacrosanctum Concilium* diz:

> [...] a liturgia é considerada como exercício da função sacerdotal de Cristo. Ela simboliza através de sinais sensíveis e realiza em modo próprio, a cada um, a santificação dos homens; nela o Corpo Místico de Jesus Cristo, Cabeça e membros, presta a Deus o culto público integral (cf. SC, n. 7, § 3).

Diz também que:

[...] a liturgia é o cimo para o qual se dirige a ação da Igreja e, ao mesmo tempo, é a fonte donde emana toda a sua força [...] (cf. SC, n. 10, § 1).

Conforme artigo 1.069 do CIC (Catecismo da Igreja Católica):

> A palavra liturgia significa originalmente "obra pública", "serviço da parte do povo e em favor do povo". Na tradição cristã, ela quer significar que o povo de Deus toma parte na "obra de Deus". Pela liturgia, Cristo, nosso redentor e sumo sacerdote, continua em sua Igreja, com ela e por ela, a obra de nossa redenção.

A liturgia é uma ação simbólica e nela revive-se, no tempo e no espaço, o mistério da vida, morte e ressurreição de Jesus. A linguagem simbólica ajuda a recordar o mistério com sinais sensíveis significativos e símbolos como a pessoa, a assembleia, a Palavra, os elementos como água, pão, vinho, óleo, fogo, cinzas, luz, objetos, os movimentos, a arte, as cores (branco, verde, roxo, vermelho, rosa), de acordo com os tempos. A Igreja sempre valorizou a comunicação, tanto a oral quanto a visual, sonora, gestual, do ambiente e das pessoas.

Ao longo da história, o espaço sagrado passou a ser representado por sinais como as torres das igrejas, a cruz, o sino, o campanário, os tipos de toques. As igrejas, sobretudo as mais antigas, trabalharam seus vitrais, pinturas, esculturas para contar a história da Salvação. O teatro foi um recurso utilizado para a catequese, no Brasil, desde Anchieta. O "púlpito" nas igrejas mais antigas, um lugar mais alto, de destaque, foi um sinal de pregação da Palavra de Deus. A via-sacra é um drama, uma dramatização que traz vivo o sofrimento de Jesus. As romarias, procissões, cantos são formas de comunicação que a Igreja utilizou ao longo do tempo.

Celebra-se em um *ambiente* preparado, com *gestos* simbólicos que nos envolvem no mistério, a *Palavra* que é vida, verdade e caminho, momentos de *silêncio* fecundo, pessoas que cultivam uma espiritualidade.

O *Diretório de Comunicação da Igreja no Brasil* ressalta o aspecto comunicacional da liturgia, o caráter dialogal que corresponde "à estrutura própria da revelação e de toda a história da salvação". Afirma também:

> Toda iniciativa no âmbito litúrgico deverá ter presente o mistério da comunicação de Deus e da resposta de fé da assembleia litúrgica, explicitada pelo rito, evitando-se distorções e manipulações subjetivas e instrumentais (CNBB, doc. 99, n. 79).

Comunicação e liturgia são partes de uma mesma realidade e, aliadas, dão um novo rosto à ação litúrgica, um rosto acolhedor e comunicativo que cativa e envolve as pessoas, ajudando-as a celebrar o mistério com alegria, fé e vibração.

1. A comunicação brota da interioridade

Para além das técnicas e linguagens, uma comunicação eficaz brota da interioridade. Isso quer dizer que, mesmo se servindo de tudo o que é importante para comunicar – o que se vai falar, como falar –, há uma realidade que é preciso ter em conta: *o cultivo interior do ser humano*.

Esse cultivo atinge sentimentos, afetos, desejos, emoções, sensibilidade em relação ao outro, à comunidade e ao mundo. A preparação do conteúdo a ser comunicado se associa aos valores que a pessoa cultiva, os quais se expressam nos modos de comunicar.

O padre francês Pierre Babin diz que a interioridade é a chave de toda a comunicação. Essa interioridade não é apenas oração, espiritualidade. É uma mística que envolve a sensibilidade para consigo, para o outro, para o cultivo de valores. A oração vem da necessidade interior e faz parte dessa interioridade.

Quando a pessoa vive uma experiência profunda da própria identidade, do reconhecimento de sua potencialidade, do "eu sou", da força interior que tem e de perceber-se em relação à interioridade do outro, ela compreende que uma interioridade se relaciona com outra. Por isso, não há como deixar de cultivar a interioridade. Abandoná-la seria como deixar de alimentar-se. É a percepção de que tudo nasce de uma força interior muito grande. É uma ligação que prende o ser humano ao divino como um cabo de energia que vem da fonte e vai ao destino. É onde o frágil se torna forte. É a necessidade a uma resposta interior. É sentir-se envolvido no mistério, é tocar e deixar-se tocar pela presença de Deus.

Sob o aspecto comunicacional, uma celebração se torna mais ou menos agradável e participativa dependendo, em grande parte, da forma como é presidida, da forma como se portam e celebram os que participam: as equipes, a assembleia, o ambiente com sua comunicação visual e sonora, a relação com as coisas, com os textos bíblicos e tudo o que envolve a celebração, o mistério que está sendo celebrado.

Importa lembrar que a ação litúrgica é um momento de ação comunicativa que envolve as pessoas a partir da vida. É uma relação intensa com a divindade e com a humanidade. Não é uma ação individual, mas coletiva; é um momento comunitário da assembleia que entra em relação/comunhão. É uma vida fecundada pela seiva do amor que circula entre as pessoas: Cristo, quem preside, ministros e ministras e assembleia.

1.1. O ser humano é comunicação

O ser humano é, por natureza, um ser comunicacional. É importante tomar consciência disso: eu sou comunicação, você é comunicação, nós somos comunicação. Quando se diz: eu sou, você é, nós somos, empregamos o verbo *ser*. Antes de dizer que eu faço comunicação, preciso tomar consciência de que eu sou comunicação, e devo me tornar, cada dia mais, comunicação.

Dizer *eu sou comunicação* é diferente de dizer eu faço comunicação, e para isso utilizo tais e tais recursos, meios e formas de comunicar. Nós não seríamos capazes de viver sem nos comunicarmos, sem entrar em relação uns com os outros.

Dizer *eu sou comunicação* é tomar consciência de que nos comunicamos de todo o jeito, com o olhar, o tato, a fala, os gestos, a escuta, os sentimentos, o modo de andar, de vestir; enfim, a gente fala o tempo todo. O nosso ser fala, ainda que não diga palavra alguma.

Diante da beleza de criação que é o ser humano, torna-se impossível dizer ou pensar: eu não sei me comunicar, não entendo nada de comunicação. Importa lembrar que somos comunicação e precisamos desenvolver esse potencial comunicativo, ser nós mesmos, dar o que recebemos.

Tornar-se comunicação deve ser prioridade em nossa vida. Se não tomarmos consciência de que somos comunicação, não desenvolveremos nosso potencial comunicativo. E o dom de ser comunicação nasce conosco. É importante sentir a alegria de sermos pessoas comunicativas, seres em comunicação. A consciência de *ser comunicação* não significa colocar o ser humano em primeiro plano, mas expressar que somos imagem e semelhança de Deus. O ser humano é comunicação e se coloca a serviço da Palavra. A pessoa que comunica precisa estar bem, ter calma interior para comunicar-se com qualidade.

Nas celebrações, por exemplo, é a Palavra de Deus que deve aparecer. A pessoa não deve chamar a atenção sobre si própria, mas colocar-se como instrumento. Vale lembrar que a equipe de celebração está presente para ajudar a comunidade a viver a celebração, e não para dar um espetáculo.

2. Comunicação, processo relacional

Comunicar-se é estabelecer contato e relacionamento. A comunicação faz parte da vida como o sangue que corre nas veias. Ela possibilita o processo, a troca e o intercâmbio no corpo todo. Sendo assim, fala-se que a comunicação é um *processo social básico* que torna possível a vida em sociedade. Isso porque a base da convivência é o intercâmbio, a troca de ideias, de necessidades de uns para com os outros. Ela faz parte do ser humano e da convivência, tanto em nível pessoal como de grupo, e no sentido amplo da sociedade.

Esse processo é uma relação de mão dupla, do eu para o tu, do eu para o nós. É importante ressaltar a comunicação como processo, também na liturgia, porque muitas vezes não há preocupação para com o público, a assembleia. A assembleia que participa de liturgias é interlocutora, daí o cuidado com a linguagem adequada de acordo com os diferentes públicos.

Comunicar-se é participar, tornar comum.

A palavra comunicação provém do latim *com-munus*, aquilo que é compartilhado, ou seja, um dom pessoal ofertado a outro ou um dever de todos para com todos. Ela é ação que favorece a partilha de um dom ou dever recíproco entre os membros de uma sociedade. (CNBB, Doc. 99, n. 13)

Por isso, quando se comunica alguma coisa a alguém, torna-se comum uma vivência, possibilitando a participação do outro. E esse tornar comum vai ajudando os grupos a terem pensamentos e sentimentos comuns que geram comunhão, comunidade.

A base da formação da comunidade está na comunicação. Naturalmente, existem problemas e dificuldades que impedem a comunicação entre as pessoas, nas famílias, nos grupos. O *eu* se comunica com o *tu* e, para entenderem-se, precisam de um universo comum onde se estabeleçam o entendimento, a comunhão.

O processo da comunicação pede a atitude de sair de si para ir ao encontro do outro e estabelecer sintonia. A comunicação que, mais tarde, se tornou indústria, reprodução em série e a distância, tem sua base no relacionamento, sem o qual se torna difícil ao ser humano viver e sobreviver.

2.1. Relacionamento consigo mesmo(a)

Às vezes a pessoa não consegue se comunicar bem com os outros porque a comunicação consigo mesma não vai bem. É importante comunicar-se consigo mesmo, conversar com os próprios pensamentos, sentimentos, e perceber o que atrapalha.

Há pessoas que vivem uma verdadeira guerra interior, brigando consigo mesmas o tempo todo. Não aceitam certas situações e coisas que aconteceram. E também, tantas vezes, torna-se difícil aceitar o sentimento que têm a respeito de si mesmas. E ninguém sabe disso. Só a pessoa! Então vale lembrar que a qualidade da comunicação consigo mesmo(a) determina a qualidade da comunicação com os outros.

Uma das coisas que dificultam a comunicação é a timidez. É muito comum ter vergonha de apresentar-se diante dos outros, ter medo, achar que não se é capaz de estar diante de um público, e isso se reflete nas liturgias. Sabemos que ninguém nasce tímido ou com vergonha. Tornamo-nos assim, às vezes, devido a ameaças, castigos, repreensões, palavras depreciativas, humilhações públicas. Perceber o que se passa em nosso interior é o começo da libertação e da possibilidade de crescimento. O que pode atrapalhar a comunicação pessoal também é a baixa autoestima. Há pessoas que não se valorizam e isso dificulta o acreditar em si, nas potencialidades pessoais, e expor-se.

É importante conhecer-se e descobrir o próprio valor e capacidades, aceitar-se na realidade inteira. Confiar em si, nos outros, nas possibilidades de crescimento. Quando o coração está pacificado, a comunicação se torna mais fácil e eficaz.

Quando o coração está cheio de sentimentos negativos, agressividades, ainda que não se queira, torna-se perceptível no relacionamento. Ao contrário, quando a pessoa está em paz, alegre, feliz, contente consigo mesma, também estará com o outro. Quando a pessoa resolve aqueles pequenos problemas que atrapalhavam lá no fundo do coração, sua comunicação com o outro se torna mais fácil e mais tranquila. Por isso, vale a pena dedicar tempo ao cultivo interior, sabendo que os frutos serão percebidos e a própria pessoa se sentirá melhor!

2.2. Comunicar é entrar em sintonia

Para comunicar-se bem nas celebrações não bastam técnicas. É preciso sintonia e mística. Na vida, o ser humano vive continuamente se confrontando com a sintonia e a falta de sintonia, que, às vezes, chega à antipatia. É tão bom quando se tem sintonia com as pessoas, quando parece que uma completa a outra, uma entende a outra, uma se interessa pela outra e pelo que ela gosta. A sintonia renova as forças interiores e desperta para novos desafios e criatividade. A sintonia passa por uma identificação de gostos, interesses, valores nos quais se acredita. A sintonia também é, muitas vezes, sutil; é uma relação que se estabelece entre duas pessoas que se comunicam. Quando há sintonia, a comunicação se torna maravilhosa, tem "gosto" de céu.

Normalmente é mais fácil perceber que não se tem sintonia com alguém quando parece não haver afinidade de interesses, quando se nota que o outro não sente junto, não comunga, não se alegra com as coisas boas que se faz ou é indiferente. Então, sofre-se a falta de sintonia que até pode inibir a criatividade e um relacionamento mais espontâneo. Essa experiência ajuda a valorizar os momentos de sintonia. O ideal é descobrir as causas que provocam a falta de sintonia. Descobrir o gosto, o campo de interesses do outro e tentar entrar nesse mundo. A falta de sintonia pode vir da competição entre as pessoas, da falta de interesse ou de não se gostar mesmo de determinados elementos do emissor ou da mensagem. Às vezes, a falta de sintonia "tem razões que a própria razão desconhece"!

A sintonia acontece na comunicação interpessoal – de uma pessoa com a outra –, acontece também entre grupos ou pelos meios de comunicação. É normal a pessoa sintonizar mais com determinado gênero de informação, determinado perfil de comunicador(a) e não com outro. Para que haja sintonia é importante estabelecer conexão e ter capacidade de colocar-se no lugar do outro, sentindo o que ele sente.

2.3. Sintonia com a assembleia

Importa ajudar a assembleia litúrgica a entrar, de fato, na celebração. A comunidade é chamada a ouvir e receber a Palavra no coração, a deixar-se atingir e converter. Entretanto, é preciso considerar que as pessoas vêm de outro universo, às vezes em meio a tantos problemas, e não sabem o que vai acontecer na celebração. De uma coisa elas têm certeza: vêm em busca de Deus, de sua luz, e querem voltar para casa melhores do que chegaram. É importante auxiliar a comunidade a ter mais sintonia *com o mistério que estamos celebrando*.

Conforme Ione Buyst,

> [...] a comunidade se reúne para fazer memória de Jesus, lendo e atualizando as Sagradas Escrituras (At 2,41-42). Ela lê, ao mesmo tempo, a Bíblia e a vida. Busca discernir nos acontecimentos da vida pessoal, comunitária e social os passos do Senhor que salva e transforma com o dinamismo do seu Espírito.

A sintonia com a assembleia é estabelecida por meio da postura acolhedora de toda a equipe de celebração, inclusive de quem preside. O espaço celebrativo e o modo de comunicar favorecem a sintonia desejada nesse momento de fé em que cada fiel precisa sentir-se na presença de Deus e envolvido pelo seu Amor.

Dicas

Alguns lembretes para comunicar melhor nas celebrações:

- Na base da comunicação da pessoa que se comunica, está o sentir-se seguro(a).
- Ter condições de autodomínio e controle emocional, afetivo e técnico para assegurar um bom desempenho no ato de comunicar.

- Estar bem consigo mesmo(a), emocionalmente, ou pelo menos ter a capacidade de transcender os problemas pessoais para que não interfiram no modo de comunicar.
- Cultivar a concentração para viver o momento celebrativo.
- Trabalhar a autoestima. A excessiva baixa autoestima dificulta uma comunicação serena, pois a pessoa pode tanto se retrair quanto impor-se pelo modo de se comunicar.
- Despertar a sintonia interior pelo cultivo da espiritualidade.
- Praticar a meditação, a oração pessoal, a sintonia interior/exterior.

3. Comunicação e postura corporal

A comunicação corporal é a expressão que surge do interior do ser humano e se manifesta pelos sentidos, que exterioriza todo o entusiasmo e dinamismo interior. Manifesta a certeza, carregada de convicção e de força. Utiliza toda a intensidade do ser para se expressar. O corpo todo fala e não apenas a voz. Os gestos fazem parte das celebrações: ficar de pé, ajoelhar-se, erguer os braços, dar as mãos, inclinar-se, e outros que podem ser expressos de acordo com as circunstâncias.

A postura corporal, os gestos, o modo de posicionar-se e de olhar, de escutar, de perceber adquirem grande importância nas celebrações. Dessa forma, uma comunidade orante expressa, exterioriza corporalmente sua oração, intenções e alegria por pertencer à comunidade de Jesus ressuscitado.

Dessa forma, as pessoas que participam da equipe de celebração se envolvem nos gestos adotados na comunidade. A começar pela presidência de uma celebração, comentarista, leitores, equipe do canto, expressam com o corpo, em gestos, o sentido da celebração. É claro que em cada comunidade seguem-se os costumes e respeita-se a cultura local; por isso, o que é adequado em determinada comunidade pode não ser em outra.

3.1. Comunicação pelo olhar

Além de se comunicar com a palavra, a pessoa se comunica com os olhos, os ouvidos, o paladar, o olfato e o tato. Talvez pouco se pense na importância dos olhos na comunicação, mas eles, de relance, abarcam muitas coisas. O olhar fala por si mesmo. Um ditado diz que "os olhos são a janela do coração". Uma mãe, um pai, conhece o filho, a filha, pelo olhar. Por que será que as mães, em geral, dizem aos filhos: "olhe nos meus olhos e eu vou saber se você está falando a verdade"? É porque nossos olhos falam. E, sem entrar no mérito das pesquisas atuais que estão mostrando que a íris tem um registro até mais preciso do que uma impressão digital, na simplicidade do dia a dia, pode-se observar quanto os olhos comunicam. Quer a pessoa esteja falando com outra, quer esteja em um grupo ou proclamando uma leitura para uma assembleia, é o olhar que estabelece o ponto de contato. O olhar tem uma força muito grande, uma força que gera vida, aproximação, inspira confiança e segurança. E o olhar pode também intimidar o outro, afastá-lo, amedrontá-lo. Fala-se até que há pessoas que matam plantas e passarinhos com o olhar!

Às vezes não nos damos conta de quanta coisa vemos em pouco tempo: o outro, a natureza, a cidade, as coisas. Veem-se textos, jornais, revistas, fotografias, filmes, cartazes, figuras de todo tipo, estáticas ou em movimento. A televisão, o livro e a internet privilegiam o olhar. Olha-se e se é olhado. O olhar também seleciona o que gosta e o que rejeita. Às vezes o olhar acolhe; outras, ele faz de conta que não vê, pelos mais diversos motivos.

Por isso, o olhar é fundamental para estabelecer contato com a assembleia. O rosto deve estar sempre iluminado por um olhar cativante e um leve sorriso nos lábios. Essa postura é capaz de se irradiar por todo o corpo, da cabeça aos pés, dando mais espontaneidade. Os olhos dão sentido à fisionomia e são grandes meios de comunicação. Olhando no rosto, nos olhos, é mais fácil estabelecer o contato e prender a atenção.

3.2. Comunicação pelo ouvido

Um dos sentidos que faz perceber a realidade é o ouvido. Basta prestar atenção nas tantas coisas que se ouve durante o dia e ao mesmo tempo: sons de máquinas, carros, ônibus, caminhões, vozes, natureza. Sons agudos e graves. Sons alegres e tristes. Sons agradáveis aos ouvidos e outros desagradáveis.

Nem sempre é possível escolher o que ouvir. Pode-se escolher uma música, um programa de rádio, mas nem sempre é possível isolar-se dos sons do ambiente, seja dentro de casa, na rua ou no trabalho. Tem-se controle sobre alguns sons e sobre outros não. O ouvido está sempre aberto, diferente do olho, que pode ser fechado, desviado. Normalmente o ser humano se mistura com o som. O ouvido não é uma realidade ou um objeto que se olha de fora. A pessoa até pode se distanciar para evitar alguns sons, mas, quando ela decide ouvir, o som entra nela. Como o ser humano é sensorial, o som entra no corpo. Basta pensar na música, no canto. A música, de fato, envolve.

O ouvir, como comunicação humana, é muito peculiar. Há uma distinção entre escutar e um simples ouvir. Pode-se ouvir, sem fixar a atenção. Entretanto, a escuta requer concentração dos sentidos, abertura ao que chega e coração aberto. Pode-se ouvir muitas coisas sem prestar atenção. E as pessoas percebem quando são apenas ouvidas e não escutadas, porque escutar é acolher com mais profundidade. E o ouvido capta o estado de espírito do outro pelos sons, que estão cheios de vibração, porque ele vibra e faz vibrar. A comunicação pelo ouvido é algo fascinante, que ainda precisa ser mais compreendida. O ideal seria passar do ouvir ao escutar.

Na comunicação, o sentir vem primeiro. O sentir, o escutar é anterior ao falar. A atenção e a receptividade são inerentes à expressão. A modulação é a vibração que chega às pessoas e as toca e, ao se sentirem tocadas, elas acolhem ou rejeitam. A modulação é um apelo aos sentidos, à sensorialidade, privilegiando o ouvido.

Nas igrejas, é importante um bom serviço de som, bons microfones e o uso adequado destes para que a audição seja agradável aos participantes. Isso vale também para os instrumentos musicais, os quais devem respeitar tanto o tempo litúrgico quanto o conforto do ouvir. Cuidado especial deve-se ter com os instrumentos de percussão, sobretudo a bateria.

3.3. Comunicação pelo espaço/visual

Um dos aspectos que se precisa ter em conta é a comunicação do espaço, do visual, a organização e disposição do espaço da celebração. Normalmente o arranjo dos elementos que compõem o presbitério já tem orientações próprias a seguir. Mesmo assim, é importante que os responsáveis considerem a organização do ambiente, seja na igreja, em salas de catequese, de encontros, enfim, os espaços utilizados pela comunidade.

Por que isso é tão importante? Porque as pessoas têm, em si mesmas, uma estética visual, sonora e ambiental. O ambiente influencia para que elas se sintam mais ou menos acolhidas. A disposição do espaço, a ornamentação, a música ambiente, a harmonia das cores, incluindo as cores litúrgicas de cada tempo, as informações nos murais, a forma como são recebidas, tudo conta para que a pessoa se sinta bem no ambiente.

Na comunicação visual incluem-se faixas, painéis, que são colocados nos ambientes. Nas apresentações feitas em épocas especiais, como, por exemplo, o Natal, a Semana Santa, coroações de Nossa Senhora, festas dos padroeiros e outras, importa escolher bem os espaços e verificar que sejam visíveis aos participantes. Há dramatizações lindas que se podem perder por falta de visibilidade, quando quem as prepara não se preocupa com a comunidade.

Vestes

Na harmonia do visual inclui-se o modo de vestir. Quem preside sempre adota as "vestes sagradas", e já é muito comum a equipe de celebração adotar algum traje que a distingue e sinaliza o ministério. Mas, quando não se utilizam essas vestes para leitores, por exemplo, é importante ter em conta a discrição e o decoro no modo de vestir. Seria uma pena se o modo de vestir de alguma pessoa da equipe distraísse os fiéis do sentido mais profundo da celebração, chamando a atenção para si mesma.

Cenários

Os *espaços das celebrações* são o cenário onde a ação litúrgica acontece. É o ambiente em que se vive a celebração. A arte sempre foi muito presente no espaço litúrgico. A arquitetura das igrejas revela modelos diferentes de conceber a comunidade cristã. Após o Concílio Vaticano II, com a concepção de "Igreja, povo de Deus", que desenvolve o conceito de participação, surgem igrejas mais circulares, nas quais é possível colocar os bancos ou cadeiras em semicírculo. Isso interfere no modo de as pessoas se sentirem mais ou menos envolvidas.

Procissões

Os momentos processionais são uma forma visual/espacial de expressar-se. A liturgia contempla diferentes momentos processionais. Os mais comuns são: a procissão de entrada, da Palavra de Deus, das oferendas. Importa lembrar que a procissão de entrada, normalmente, é feita pela equipe de celebração, ministros/as, acólitos e o presidente da celebração. Essa procissão é precedida pela cruz, que é colocada ao lado do altar. De acordo com a circunstância, podem ser levados outros símbolos.

Para se dar destaque à Palavra de Deus, é bastante comum fazer a entrada da Palavra antes da primeira leitura. Como essa não é uma norma litúrgica, há muita criatividade na maneira de fazê-la, sobretudo em momentos festivos. Há comunidades onde a Palavra vem acompanhada com danças e cantos vibrantes, velas, tochas. E muitos perguntam: pode-se dançar nas celebrações? O livro sagrado entra fechado, acompanhado de velas acesas.

Como esse momento não é de prescrição litúrgica, os costumes têm variado. Especialistas em liturgia dizem que a comunidade deve seguir a orientação de seu pároco ou diocese. O que importa é ajudar a comunidade a celebrar, dando significado à sua vida.

Livro

Os livros oficiais para a procissão da Palavra são o *Lecionário* ou o *Evangeliário*. Não havendo nenhum dos dois, adota-se a Bíblia. A orientação geral é levar o "livro" fechado. Ao chegar no presbitério, local central da celebração, abre-se o livro, coloca-se sobre o ambão (mesa da Palavra) e dele se proclama a Palavra.

O livro é um símbolo visual para ser proclamado e mostrado. Por isso, orientar as pessoas que fazem as procissões e os(as) leitores(as) para que o coloquem no lugar adequado – combinado anteriormente – e leiam daí.

Ao levarmos o "livro" ou a Bíblia em procissão e lermos em um folheto litúrgico ou em algum livro de liturgia, damos às pessoas um duplo sentido. Por isso, é preciso que as equipes de celebração, conscientes disso, ajudem os demais a perceberem que a Palavra levada não é apenas enfeite. É por meio dela que Deus nos fala.

O mesmo cuidado é preciso ter com o Círio Pascal, que, conduzido ao lado da Palavra, ao chegar ao presbitério deve ser colocado em destaque, *aceso*, e não posto de lado, porque há outras velas (ou círio) acesas.

3.4. Comunicação pelo silêncio

Ao lado da Palavra, símbolos, gestos e cantos, um dos aspectos importantes a serem cultivados, nas liturgias, é o silêncio. Silêncio exterior e interior. É ele que garante a profundidade da comunicação que brota da interioridade. O silêncio fecunda o coração e a Palavra que ali cai não volta sem ter produzido frutos (cf. Mt 13,22-23).

Na sociedade atual, muitos são os barulhos com os quais convivemos. Barulhos externos, barulhos internos, dos pensamentos, das emoções. Por isso, saber fazer silêncio é uma arte e necessidade para saborear os bens espirituais e escutar a voz de Deus.

As equipes de liturgia precisam educar-se para o silêncio e ajudar a comunidade a gostar do silêncio. Leituras, reflexão e oração contribuem para este hábito. O silêncio também se revela na expressão do corpo. Quando há silêncio interior, o gestual acompanha no modo de caminhar, de falar, de cantar. Ao dirigir-se ao ambão para proclamar a Palavra, o silêncio se revela no modo de caminhar, nas reverências ao altar e à Palavra. A pessoa que silencia vive a celebração compenetrada do mistério e com "unção".

O silêncio é recomendado pela Igreja, pois possibilita escutar a voz do Espírito que fala na Palavra e no coração humano. O silêncio favorece a interiorização, a escuta e dá novo sentido à palavra verbalizada.

Momentos de silêncio

É preciso ajudar a assembleia a silenciar *antes das celebrações*. Cada um vem de sua casa, do trabalho e, muitas vezes, conversa-se, cumprimenta-se, e o colóquio continua. Pode acontecer também que as pessoas estejam agitadas por problemas pessoais e não consigam se aquietar antes de chegar à comunidade. E o que elas esperam é sair melhor do que chegaram.

Alguns refrãos ou *mantras* podem ser entoados e repetidos, várias vezes, antes de qualquer ação litúrgica. Sugerimos alguns:

Ó luz do Senhor, que vem sobre a terra,
inunda meu ser, permanece em nós.[1]

Indo e vindo, trevas e luz
Tudo é graça, Deus nos conduz.

Irmãos, vinde à oração. (Mulheres)
Irmãs, vinde à oração. (Homens)

Cria-se, assim, sintonia, clima de silêncio e disposição para começar a celebração.

Silêncio durante a celebração

- Ato penitencial (momento de silêncio para revisão de vida).
- Oração da coleta (reúne as intenções pessoais às da comunidade).
- Nas leituras (o postar-se calmamente diante da mesa da Palavra e fazer uma vênia ante o Lecionário no começo e no fim da leitura, já são espaços de silenciamento).
- Depois da homilia (momentos de interiorização da Palavra meditada).
- Ação de graças depois da comunhão.

---

[1] Fr. Luiz Turra, CD *Mantras*, Paulinas/Comep.

Dicas

- Lembrar que nossos gestos são comunicação e revelam o estado de espírito e atitudes.
- Ao participar de celebrações, tomar consciência do próprio estado de espírito e trabalhar as emoções.
- Manter leveza no semblante, um leve sorriso.
- Cultivar a interioridade, sentir-se na presença de Deus.
- Contar com a graça divina que nos molda e nos faz instrumentos da sua comunicação.

Parte II
Liturgia da Palavra

Deus convoca a assembleia e a ela dirige sua Palavra e a interpela no hoje da história. A liturgia da Palavra compõe-se de leituras da Sagrada Escritura tanto do Primeiro (Antigo) como do Segundo (Novo) Testamento, Salmo Responsorial, Aclamação ao Evangelho, homilia, profissão de fé e oração universal. Entretanto, nosso foco aqui é orientar para a proclamação da Palavra de Deus, nos aspectos da compreensão do texto e dos requisitos para sua proclamação com clareza, dignidade e unção, de modo que ela chegue aos corações e produza os seus frutos.

A assembleia é convocada para *escutar* a Palavra: *Shemá, Israel* (Dt 4). A Palavra se revela e quer espaço, quer entrar no coração da assembleia. Palavra que quer relacionar-se com outra pessoa. Deus, Jesus Cristo, entra em relação conosco. Um relacionamento que é comunhão, comunicação de vida que se estabelece pelo olhar, pelo tom da voz, pelo silêncio e acolhida.

É o momento da *escuta* comunitária da Palavra, que precisa ser acolhida. Talvez pouco lembremos disso. A assembleia, de fato, é convocada a *escutar* o que Deus quer falar. Para melhor escutar não deveria haver tanta preocupação em acompanhar o texto bíblico que é proclamado, nem na Bíblia nem nos folhetos ou telão. O que importa é colocar-se à *escuta*. É Deus quem fala. E exige, entretanto, empenho de quem proclama a Palavra para que, de fato, a Palavra chegue aos corações e o *Shemá, Israel* se realize.

1. Comunicação pela Palavra

A liturgia tem como fonte a Palavra de Deus, que é proclamada nas leituras, no Salmo e no Evangelho. Esta Palavra não é mera leitura, mas *anúncio*. "A Bíblia e a vida vão se explicando e complementando uma à outra. E Deus vai revelando seu rosto, esclarecendo seu projeto, realizando a comunhão com ele."

A Igreja destaca a importância da proclamação da Palavra de Deus na liturgia, lembrando que ela torna presente "Cristo que fala ao seu povo". Ao ouvi-la, a Palavra faz com que a assembleia viva uma profunda experiência do mistério de Deus e converta essa mesma Palavra "em acontecimento novo". Daí a importância da preparação, para aqueles e aquelas que a proclamam, em relação ao conhecimento e vivência do texto bíblico, de uma postura digna diante do livro sagrado e da assembleia (cf. CNBB, Doc. 99, n. 87).

A Palavra dirige-se a uma assembleia, convocada para escutar, e se expressa na literatura bíblica em gêneros diversos. Como semente, cai no coração humano e quer germinar.

1.1. Gêneros literários

Na Bíblia, como na literatura, identificamos diversos gêneros. Compreender o gênero significa entender o sentido a ser comunicado. Com o intuito de auxiliar as equipes, abordaremos agora alguns dos gêneros básicos dos textos bíblicos. A diversidade de gêneros literários aumenta em função da busca de maneiras adequadas e inteligíveis de exprimir conceitos.

Os gêneros bíblicos vêm, na sua maioria, da tradição oral. Públicos diferentes, como os pastores ou camponeses israelitas, sacerdotes eruditos do templo de Jerusalém ou, ainda, inspirados pelo zelo dos profetas. Os estudos sobre *gênero* na Bíblia são complexos. Aqui estão apenas alguns apontamentos para ajudar na proclamação da Palavra de Deus.

1.2. Como proclamar em cada gênero

Narrativa, em prosa ou verso. A narrativa, normalmente, conta uma história, um fato, com personagens, diálogos. É um texto de ação. Pode ser um drama, como, por exemplo, a Paixão de Jesus.

Nessa leitura deve-se identificar os personagens e, em tom narrativo, flexionar a voz para diferenciar a entrada de diferentes atores, como a pessoa que narra os diferentes personagens.

Epístola ou carta classifica-se como *ensinamento*. É uma comunicação escrita, ditada. Tem uma introdução, uma primeira frase que contém o nome do remetente, do destinatário, e títulos doutrinais. A segunda frase é uma bênção. A epístola é dirigida a um público em geral: a saudação é um artifício puramente literário ou uma forma de dedicatória. Aqui entram as cartas dos apóstolos Paulo, João, Pedro, Judas.

Identificar o espírito do texto, que normalmente é exortativo. Paulo exorta a comunidade a viver no amor, a ser vigilante etc. Perceber se o texto é alegre, de vigilância, e interpretá-lo, flexionando a voz.

Poética ou poesia que pode ser de louvor, penitência ou súplica. Na vida hebraica, a poesia ocupava um lugar de destaque. A diferença entre verso e prosa poética não era tão grande quanto temos em português. A poética pode ser *orante*, em estilo de oração como os *salmos, hinos*: louvor, penitência, súplica. Entre os livros Sapienciais, estão os Salmos, mas também Isaías, 1,2-3:

> Ouvi ó céus, e ouve, ó terra,
> pois Javé falou:
> "Filhos eu criei e eduquei,
> mas eles se rebelaram contra mim.
> O boi conhece o seu dono,
> e o asno, a manjedoura de seu possuidor,
> mas Israel não tem conhecimento
> e o meu povo não entende".

A interpretação desses textos deve seguir-lhes o espírito: alegria, penitência, vigilância, carinho de Deus!

Parábola quer dizer dito sapiencial, máxima. É uma pequena narrativa alegórica usada por Jesus para apresentar o seu ensinamento. No Antigo Testamento, encontra-se em Isaías 5,1-7, "O vinhateiro"; e em Ezequiel 17,3-10, "A águia e a vinha", e 19,2-9, "Os filhotes do leão". Jesus serviu-se de parábolas para falar com as pessoas do seu tempo, como em João 10,1-6, o "Bom Pastor", e 15,1-6, "A videira e os ramos"; e em Mateus 13,3, "O fermento", 13,47-50, "A rede", e 13,3-9, "O semeador".

Note-se que pode haver um misto de gêneros em um mesmo texto, como no Pai-Nosso, em Mateus 6,7-14. Na visita de Maria a Isabel e no *Magnificat*, em Lucas 1, os versículos 39-46a apresentam-se em forma de narrativa, os de 46b-55, como oração, e o 56 volta a ser narrativo. E ainda o Cântico de

Zacarias, também em Lucas 1, versículo 67, é narrativo, os de 68-79 compreendem um cântico e o 80, novamente narrativo.

Atenção ao gênero de cada texto. Uma parábola tem a vivacidade da história ou dos ditos. Quando o gênero é misto (narrativa, oração, narrativa), a proclamação precisa ser acompanhada com a interpretação adequada ao texto.

O empenho na boa interpretação ajuda a assembleia a sentir o amor de Deus por ela.

2. Comunicação da Palavra

A comunicação/proclamação da Palavra envolve pessoas: leitores, presidente e comentarista. Todo o entorno (ambiente, ritos iniciais/acolhida, ritos finais/despedida) deve convergir para o momento central da celebração, seja ele a Palavra e a Eucaristia, na missa, seja a Palavra e o Sinal, em uma celebração sacramental. Aqui o processo de comunicação/relacionamento se torna concreto.

Quando ressaltamos esses momentos, queremos esclarecer que as demais partes do rito não devem ser nem muito extensas nem rápidas. É fundamental estabelecer um ritmo na celebração para dotá-la de equilíbrio. É na mesa da Palavra, no caso da celebração eucarística, que se estabelece a relação ou a ruptura entre leitor/assembleia, e vice-versa, e presidente/assembleia. A Palavra tem de ser alimento e encaminhar para a mesa da Eucaristia.

Os folhetos dominicais, de ampla divulgação, deveriam ser de uso restrito à preparação da equipe durante a semana. As leituras são para serem ouvidas, daí a necessidade de uma boa preparação da equipe de celebração.

2.1. Leitura Orante da Palavra

Recomenda-se a Leitura Orante, *lectio divina*, para preparar a liturgia e as homilias ou reflexões e para o próprio cultivo espiritual. É um tempo dedicado ao contato pessoal e íntimo com a Palavra de Deus, em que o fiel, individualmente ou em comunidade, se coloca na escuta para depois comunicar. Na Exortação Apostólica "A Alegria do Evangelho", o Papa Francisco fala desse modo de rezar: "essa leitura orante da Bíblia não está separada do estudo que o pregador faz para individuar a mensagem central do texto; antes, pelo contrário, é dela que deve partir para procurar descobrir aquilo que essa mesma mensagem tem a dizer à sua própria vida" (EG, n. 152).

É conhecido o roteiro com quatro ou cinco passos para a oração.

Colocar-se na presença de Deus e na escuta. É importante silenciar e acalmar o coração, entregando-se à ação divina. Faz-se o sinal da cruz, invocando a Santíssima Trindade, e pode-se cantar um refrão ou fazer esta oração: *Jesus Mestre, ensina-me a rezar com a tua Palavra. Transforma meu coração em terra boa, onde a Palavra de Deus produza frutos abundantes de vida e missão.*

1. Leitura (Jesus Verdade) – Ler o texto bíblico pelo menos duas vezes. O que o texto diz? Leio calmamente o texto e procuro compreendê-lo.
2. Meditação (Jesus Verdade) – O que o texto diz para mim, para nós, hoje? Recordo outros textos relacionados ao tema e procuro semelhanças com o tema.

3. Oração (Jesus Vida) – O que a Palavra me faz dizer a Deus? Momento de oração silenciosa, que posso partilhar.
4. Contemplação (Vida e Missão) – O que a Palavra me leva a viver? Qual o novo olhar? Apelos que recebi e compromisso.

Oração conclusiva

Ação de graças e pedidos para que a Palavra se torne carne em nossa vida.

2.2. A pessoa do(a) leitor(a)

Deve ser alguém que assume o ministério com empenho, fé e amor, que *acredite* na Palavra que proclama. Acreditar, preparar-se e proclamar com unção. A proclamação não é feita em nome pessoal: "O espírito do Senhor está sobre mim, porque ele me ungiu" (Lc 4,18).

Ao se colocar diante da assembleia, tomar consciência do seu estado de espírito: manter o rosto sereno, um leve sorriso, que não quer dizer distração ou dispersão. Concentrar-se no mistério que se está celebrando e assumir a serenidade como atitude. Esta tomada de consciência é fundamental!

O(a) leitor(a) é um canal, um instrumento através do qual a comunidade recebe o anúncio. É como o anjo da ressurreição que diz: "Ele está vivo" (cf. Lc 24,5-6), não está entre os mortos!

Durante a proclamação da Palavra, manter o olhar no livro sagrado sem esquecer de dirigir, algumas vezes, o olhar para a assembleia.

Capacidade de emocionar e de emocionar-se

A emoção é um elemento fundamental na comunicação. Ela vem de um toque interior, ligado à capacidade de concentrar-se e de viver o momento presente, escutar com o coração. Não é uma emoção apelativa e exagerada, mas sim aquela que nasce da empatia, da comunhão de sentimentos com a equipe, o texto e o contexto em que se está celebrando. Quando vivemos em profundidade o que comunicamos e somos capazes de nos emocionar, o outro é contagiado.

Essa emoção passa através da percepção do texto pelo sentido, pela interpretação do que se diz ou proclama. O sentido dado a cada palavra e ao que ela quer dizer confere credibilidade ao texto, torna a palavra viva!

Passos para uma boa leitura

a) *Conhecer o texto*, ler, reler... em voz alta. Ouvir a própria voz. Se possível, gravar, escutar, corrigir.

b) *Compreender o que o texto diz*. Ler antecipadamente o texto bíblico, com atenção, e identificar:
- Ideia central – perceber qual a ideia central do texto: se é uma mensagem de amor, de vigilância, uma admoestação familiar ou outra.
- Palavras difíceis – procurar entender o sentido das palavras difíceis e não usuais, tanto da língua quanto de nomes de cidades e pessoas. Informar-se, ver em dicionários bíblicos, da língua portuguesa, ou perguntar a quem as conhece melhor. Uma vez percebido, informar-se também como se pronunciam, como dizê-las.

- Personagens que aparecem. Qual a ação deles? Uma só pessoa, a multidão? Como se porta quem anuncia? E a multidão? O que eles dizem e sentem? (Este exercício ajuda a entrar no texto e senti-lo mais perto da vida, contemplá-lo.)
- Visualizar o texto – além de compreender intelectualmente, é importante visualizar o que aconteceu. A imaginação ajuda muito neste exercício. Tal compreensão pessoal ajudará a comunidade a ver e entender o texto quando proclamado.
- O que destacar – uma vez lido, compreendido o texto, e tendo identificado sua mensagem central, dar ênfase às palavras ou expressões que ajudam a compreender-lhe o sentido. Este entendimento particular ajudará a comunicar melhor no momento da proclamação. O destaque também se dá com a inflexão da voz, ou seja, a ênfase dada a cada palavra e expressão em que se quer evidenciar o sentido.

c) *Ritmo*. Conciliar os diversos elementos da leitura: conteúdo, clareza, ênfase, pontuação correta. Não deve ser nem muito lento nem rápido demais. Depende do conteúdo, do público e do texto. Pausas muito grandes ou rapidez excessiva comprometem a clareza e a compreensão da Palavra de Deus.

- Pontuação – é fundamental para a clareza do texto. Deve ser observada com cuidado. Uma pontuação inadequada altera o conteúdo. Lembrando que:
    ✓ ponto – pausa ao final de uma frase, e a *voz cai*;
    ✓ vírgula – apenas uma retomada de fôlego, e a *voz fica em suspenso*;

✓ parágrafo – mudança de assunto; por isso, a *pausa é maior que o ponto*;
✓ interrogação – deve ser percebida desde o início da frase para *flexionar-se a voz*;
✓ exclamação – expressa surpresa, emoção e também precisa ser *flexionada por meio da voz*.

Dicas

- Preparar-se para a leitura (ler o texto várias vezes).
- Observar o ritmo da leitura – textos narrativos exigem mais velocidade; um comentário, mais pausas, e assim por diante.
- Observar a acentuação e pronunciar bem cada palavra, inclusive a última sílaba. Articular bem.
- Respirar corretamente.
- Marcar no texto:
  ✓ as palavras que se quer destacar;
  ✓ com duas barras (//) os pontos finais e com uma (/) as vírgulas, significando pausa maior ou menor.
  ✓ marcar *subida de voz* (↗) na última palavra antes da vírgula e *descida de voz* (↙) onde houver ponto final (.) ou dois-pontos (:). Quando houver interrogação (?) e reticências (...), *a voz sobe* (↗); e em exclamação (!) e ponto-e-vírgula (;), *a voz desce* (↙).

2.3. Comentarista

A pessoa que faz o comentário é quem conduz a celebração em momentos pontuais; por isso, ajuda a assembleia a celebrar.

Aquele que comenta não pode ocupar o lugar de quem preside a celebração. A intervenção do comentarista deve se restringir ao que precisa ser pontuado na celebração – o que a distingue. É necessário evitar de falar o que a assembleia já faz por tradição (ficar de pé, sentar...).

O comentário é uma introdução explicativa que orienta a comunidade para o contexto da celebração e o desenrolar dos fatos. É bom que seja o mais breve possível para não dispersar da escuta da Palavra de Deus, que é central.

Normalmente o comentário será inicial, antes do canto de entrada e antes da liturgia da Palavra. Pode-se também dispensar os comentários antes das leituras bíblicas para dar mais ênfase ao texto.

É bom lembrar que os textos explicativos que, geralmente, estão impressos em cores, também chamados de *rubricas*, não devem ser lidos, por exemplo, liturgia da Palavra, primeira leitura, segunda leitura, liturgia eucarística, salmo responsorial. Isso também vale para os(as) leitores(as).

Cabe ao(à) leitor(a) fazer o enunciado da Palavra de Deus que vai ser proclamada, por exemplo: Leitura da carta de São Paulo aos Coríntios. Uma vez feito o enunciado, proclama-se. Não é preciso dizer os capítulos e versículos. Esse enunciado não cabe ao comentarista.

A função do comentarista caracteriza-se pela discrição, clareza e orientação na celebração. A Comissão de Liturgia da CNBB publicou esta nota em 2007:

> A assembleia litúrgica não é apenas destinatária da ação litúrgica, mas é protagonista, povo sacerdotal, não dependendo de "palavras de ordem" para participar. A liturgia não é apenas "palavra", mas

uma ação ritual-simbólico-sacramental. Por isso, muito mais do que um "comentário", é a atitude do leitor, do salmista, do diácono ou do presidente da assembleia que vai ajudar para que a Palavra seja ouvida e acolhida. Neste contexto, para uma frutuosa proclamação e acolhida da Palavra, adquirem muita importância o ambão, sua localização e sua ornamentação; um bom microfone; a veste litúrgica própria dos leitores; um refrão orante (Dom Joviano de Lima Junior, 2007).

Dicas

- Estar ciente de todo o andamento da celebração.
- Apresentar-se ao presidente, antes da celebração, e dirimir eventuais dúvidas.
- Estar atento ao andamento global da celebração, suprimindo o que já foi antecipado por outra pessoa (presidente).
- Sintonizar-se com o presbitério e com a assembleia – auxiliando ambos nas intervenções/respostas, sem sobrepor sua voz à da assembleia ou do grupo de canto.
- Evitar comentários paralelos que dispersam a celebração.
- Fazer comentários curtos e pertinentes. Evitar palavras de ordem.
- A eficiência será provada quando não for figura de destaque: "Para que todos sejam um...".
- Cuidar da aparência, quando não houver veste litúrgica. Ter discrição e não destoar do entorno.

2.4. Equipe de celebração

Quem dinamiza as celebrações é uma equipe. Para que tudo se torne possível, é importante que a equipe de celebração se reúna para *planejar* as celebrações e organizar as tarefas de cada um. Cada equipe tem sua periodicidade de reuniões: semanais, quinzenais, mensais. Há grupos que, devido a distâncias e compromissos, se reúnem uma hora antes da celebração. É claro que não é o ideal, mas faz-se o possível.

Quando se fala em equipe de liturgia, é em seu sentido amplo, envolvendo as diferentes celebrações, sacramentos e sacramentais. Já a equipe de celebração faz um serviço pontual, por exemplo, a missa das 8 horas, das 10 horas, equipe do Batismo, ministros da Palavra, da Eucaristia, pastoral dos enfermos, da esperança, e assim por diante.

Nas reuniões é importante preparar a celebração e também rezar juntos, refletir em conjunto sobre a Palavra de Deus da semana. Distribuem-se as leituras com antecedência para que cada um possa se preparar devidamente e assimilar os conteúdos.

É essencial a presença de quem preside a celebração ou que, pelo menos, seja informado do que se planejou. É saudável e prático fazer um roteiro do que vai acontecer e passar para quem preside, para a equipe de canto, para quem comenta e outras pessoas envolvidas. Evitar coisas feitas em cima da hora ajuda a todos a celebrar melhor, além de favorecer a comunidade com uma celebração mais alegre e profunda.

A equipe deverá estar atenta à formação dos componentes do grupo, descobrindo os dons de cada um e administrando adequadamente as funções. Vale lembrar a passagem em que Moisés, declarando-se incapaz, recusa a missão, mas o Senhor lhe mostra que junto dele havia alguém que poderia estar fazendo por ele (Aarão):

> Disse Moisés a Iahweh: "Perdão, meu Senhor, eu não sou um homem de falar, nem de ontem nem de anteontem, nem depois que falaste a teu servo; pois tenho a boca pesada, e pesada a língua". Respondeu-lhe Iahweh: "[...] Vai, pois, agora, e eu estarei em tua boca, e te indicarei o que há de falar". Moisés, porém, respondeu: "Perdão, meu Senhor,

envia o intermediário que quiseres". Então se acendeu a ira de Iahweh contra Moisés, e ele disse: "Não existe Aarão, o levita, teu irmão? Eu sei que ele fala bem. [...] Eu estarei na tua boca e na dele, e vos indicarei o que devereis fazer. Ele falará por ti ao povo. Ele será a tua boca, e tu será para ele um deus" (Ex 4,10-16).

Da mesma forma, pode acontecer que, quem coordena, se identifique com Moisés, e então será preciso descobrir os "Aarãos" existentes no grupo!

Dicas

- Cronometrar algumas celebrações.
- Estudar/analisar como se desenvolve.
- Descobrir o enfoque que se dá na celebração – quais as partes que se privilegia e quais necessitam ser observadas melhor.
- Treinar a equipe: leitores, comentaristas.
- Combinar tudo que vai acontecer antes da celebração. Caso aconteça algum imprevisto em seu andamento, ser discreto para não distrair a assembleia.
- Trabalhar as falhas/as qualidades – correção fraterna.

2.5. Comunicados finais (avisos)

É importante perguntar a quem queremos atingir com os avisos. A partir daí, selecionar quais os mais importantes a serem dados, ao final da missa ou das celebrações. Esses comunicados devem se dirigir à comunidade em geral. Avisos muito particulares, que dizem respeito a um número restrito de pessoas, têm de ser feitos no interno das pastorais, aos grupos ou pela web.

Os comunicados *sempre objetivam* informar e explicar coisas a respeito da vida da Igreja, das atividades da comunidade. Por isso:

- precisam ser claros – falar com clareza o que vai acontecer: data, local e hora, onde e como obter mais informações (o que – quando – onde);
- repetir os dados importantes, sobretudo data e local;
- não dar muitos avisos, pois fica difícil a memorização. Daí a necessidade de selecionar os mais importantes pela proximidade, urgência etc.;
- outra forma é afixar os avisos em algum mural acessível para que possam ser consultados e até entregues a quem necessitar. Quando possível, aconselha-se distribuir cópia ou enviar por e-mail, colocar nas redes sociais digitais de acesso da paróquia ou grupos.
- no momento dos avisos, pode-se também fazer pequenas homenagens, acolher os visitantes e pessoas que vêm pela primeira vez à comunidade, lembrar de alguma celebração importante da comunidade, como aniversários, entre outras.

3. O ser humano como mediação

O corpo é o primeiro instrumento a ser considerado. Ele se expressa pela linguagem e torna-se um aliado na recepção e na transmissão da mensagem. A linguagem passa pelos sentidos, traz presente a realidade de que o "sentir vem primeiro". A pessoa é o primeiro meio de comunicação, e *a mensagem está mais naquilo que se é e se faz, e menos no conteúdo verbalizado*. A mensagem passa mais pelo corpo, gestos, voz do que pela doutrina, pelas ideias abstratas ou palavras.

A tecnologia age como uma grande lupa que aumenta o que sou – minhas qualidades e minhas falhas. Daí a necessidade de colocar o foco no crescimento pessoal e no potencial de cada um(a). Para isso, podem-se utilizar algumas técnicas para auxiliar na *performance*. As técnicas vocais têm a função de aprimorar a projeção, a ressonância e a estética da voz. A dicção, a projeção e a ressonância ajudam a comunicar melhor. Exercícios de alongamento dão flexibilidade, equilíbrio e naturalidade aos movimentos, melhorando também a postura. A meditação da Palavra confere densidade às atitudes.

3.1. Postura diante da assembleia

A postura e os gestos precisam ser conscientes e vividos com unção. Cada gesto deve ser expressão de uma atitude interior que materializa e confere o significado recomendado nos textos litúrgicos. A postura é a de quem está ali para servir, para ajudar a comunidade a celebrar.

A postura corporal contribui para uma boa leitura e melhor desempenho. Ao colocar-se diante da assembleia, antes de começar a leitura ou o comentário, posicionar-se devidamente, tanto em relação à assembleia quanto em relação ao microfone.

Posicionar-se bem, com equilíbrio e segurança, o olhar sereno, nem olhando acima nem dispersando ou desviando o olhar. O corpo deve apoiar-se com harmonia sem descansar o peso sobre uma das pernas. A excessiva preocupação com o texto ou consigo mesmo(a) também pode prejudicar.

Quem preside as celebrações também necessita ter cuidado especial com sua postura; que ela seja digna do momento que se está celebrando. Manter uma postura equilibrada que demonstre a vivência do mistério que se celebra.

3.2. A dimensão do mistério

Ao falarmos da dimensão humana e da necessidade de a pessoa se preparar para bem celebrar e bem proclamar a Palavra de Deus, em hipótese alguma estamos esquecendo ou dando menor valor à dimensão do mistério. Entendemos que a graça divina se expressa no ser humano, que se coloca como instrumento. As palavras do Papa Francisco reforçam a necessidade da qualidade de comunicação na liturgia, que integra o divino e o humano.

A preocupação com a forma de pregar também é uma atitude profundamente espiritual. É responder ao amor de Deus, entregando-nos com todas as nossas capacidades e criatividade à missão que ele nos confia; mas também é um exímio exercício de amor ao próximo, porque não queremos oferecer aos outros algo de má qualidade (EG, 2013, n. 156).

Neste sentido, quanto mais a pessoa está liberta de seus condicionamentos pessoais e imbuída do mistério que vai celebrar, com mais propriedade Deus poderá se servir dela como instrumento da graça e canal para o bem do outro.

Dicas

- Ao ficar de pé, apoiar-se sobre as duas pernas com uma distância, entre elas, de 10 centímetros, mais ou menos, de modo natural. Não se apoiar, descansando uma das pernas, nem apoiar um braço ou os dois sobre o ambão.

- A cabeça deve ficar em um ângulo de 90 graus, nem olhando acima, nem abaixo das pessoas, mas para elas.

- Conservar um semblante sereno e acolhedor.

- Ao sentar-se, não cruzar as pernas. Manter postura adequada para o momento.

- Não cruzar os braços, pois denota fechamento à comunicação. Manter uma postura de recolhimento e abertura.

- Durante a proclamação da Palavra, que todos se voltem em direção à mesa da Palavra, mostrando com todo o corpo a sintonia com o que está acontecendo.

4. Material de apoio

4.1. Técnicas de voz – Exercícios para melhorar a técnica vocal

• A *respiração* é fundamental para se falar e manter o controle emocional. Ajuda e dá condições para assegurar o volume de ar necessário a fim de se proclamar o texto até o final. Saber respirar é básico para uma qualidade na comunicação.

A respiração é o segredo para uma comunicação eficaz, que não cansa quem comunica e atinge o objetivo de chegar ao público. Normalmente, inspira-se pelo nariz e expira-se por ele também.

Exercício:

Ficar de pé, contrair o abdome, como se fosse um fole de ar:

INSPIRAR profundamente, contar até três, RETER o ar e, em três tempos, SOLTAR (o tempo pode ser aumentado em até cinco ou mais em cada etapa.)

É importante fazer respiração profunda antes dos treinamentos para leituras ou mesmo antes de qualquer celebração. Além de auxiliar na fala, a respiração ajuda a concentração e o controle emocional.

• *Ressonância*: o som produzido pela laringe passa por "alto-falantes naturais", formados por laringe, boca e nariz. O trabalho com a ressonância, explorando as cavidades oral e nasal e o posicionamento correto da língua, proporciona maior potência e projeção vocal.

Exercício:

Fazer "hum" mastigando de maneira circular, para observar como o som vibra na caixa craniana, conjugando com a respiração.

MMMMMMMMM NNNNNNNNNNNN

NHAM NHEM NHOM UOM UOM UOM UOM

As vogais abrem o som, enquanto as consoantes são como travas. A respiração conjugada ao som de cada vogal dá clareza à fala.

Vogais: A Ã Ê É I Ô Ó U

• *Articulação*: associada à exploração das cavidades de ressonância e a respiração, favorece a potência da voz, mesmo em situações de grande ruído de fundo ou ao ar livre. Articular significa destacar com clareza, na pronúncia, as sílabas das palavras. Para se articular bem, é necessário que se reconheça o som de cada letra, consoantes e vogais, registrando-o auditivamente. Todos os órgãos da fala devem ser bem utilizados para a boa articulação. Porém, a observação maior é dada à língua e aos lábios (articuladores diretos).

Exercícios:

Consoantes são ruídos caracterizados pelo resultado dos obstáculos, em vários pontos da cavidade da boca, que se opõem

à livre passagem do ar. As consoantes são classificadas quanto ao ponto de articulação:
- ✓ *Bilabiais* (lábio contra lábio): P/B/M
  PABAMA, PEBEME, PIBIMI, POBOMO, PUBUMU
- ✓ *Labiodentais* (lábio inferior buscando a arcada dentária superior): F/V
  FAVA, FEVE, FIVI, FOVO, FUVU
- ✓ *Linguodentais* (língua contra a arcada dentária superior): T/D/N
  TADANA, TEDENE, TIDINI, TODONO, TUDUNU
- ✓ *Alveolares* (língua aproximando-se dos alvéolos – cavidade onde se localiza a raiz do dente superior ou inferior): S/Z/L/R
  SAZALARA, SEZELERE, SIZILIRI, SOZOLORO, SUZULURU
- ✓ *Palatais* (dorso da língua contra o teto da boca): X/J/LH/NH
  XAJALHANHA, XEJELHENHE, XIJILHINHI, XOJOLHONHO, XUJULHUNHU
- ✓ *Velares* (parte de trás da língua contra a "campainha"): K/G/RR
  KAGARRA, KEGUERRE, KIGUIRRE, KOGORRO, KUGURRU

4.2. Ficha de avaliação pessoal

(Poderá ser utilizada para autoavaliação e partilha)

Nome: _____

Data ____/____/_____

Relacionamento	Como me vejo	O que melhorar
Comigo mesmo/a		
Aceitação de mim		
Grupo e assembleia		
Postura corporal		
Olhar – medos		
Ouvir – percepção		
Trabalho em equipe		
Respiração		
Articulação		
Voz		
Pontuação		
Leitura		
Controle emocional		
Potencial		
Limites		
Oportunidades		

4.3. Ano litúrgico – Tempos

	MISTÉRIO DA ENCARNAÇÃO			MISTÉRIO DA REDENÇÃO	
	ADVENTO	**NATAL EPIFANIA**	**TEMPO COMUM**	**QUARESMA**	**PÁSCOA**
PERÍODO	Depois da Festa de Cristo Rei. Quatro semanas antes do Natal	25/12 – 6/01	1ª Parte – Batismo de Jesus até 4ª feira de Cinzas 2ª Parte – Inicia na 2ª feira depois de Pentecostes e termina no sábado, véspera do Domingo de Advento.	4ª feira de Cinzas até Sábado Santo	Ressurreição a Pentecostes
COR	*Roxa* Penitência	*Branca* (dourado)	*Verde*	*Roxa* Penitência	*Branca* (dourado)
3º DOMINGO	*Rosa* Alegria	Paz e festa	Esperança	4º Domingo - *Rosa* Semana Santa 5ª feira – *Branca* 6ª feira -*Vermelha*	Paz e festa
TEMPO DE	expectativa	alegria	testemunho	misericórdia fraternidade	passagem da morte para a vida
ESPIRITUALIDADE	Esperança, convite à conversão	Ternura Anúncio	Cristão, sinal do Reino de Deus	Penitência Conversão	Alegria Ressuscitado Testemunho
ORNAMENTAÇÃO	Mais verde, menos flores. Coroa /Advento	Festiva, própria do Natal	Festiva, com Flores	Austera Verde, sem flores	Alegre/ Branca Festiva
MÚSICAS	Próprias do tempo Omite-se o Glória	Do tempo Canta-se o Glória	Segue o tema da liturgia com o Glória	Próprias do tempo Omite-se o Glória	Pascais Ressurreição Glória
FESTAS Solenidades	8/12 – **Imaculada Conceição** cor branca	2/2 – **Apresentação do Senhor** cor branca	Festas e solenidades diversas – N. Senhora, Santos e outras. Cores: branca ou vermelha	25/3 – **Anunciação do Senhor** cor branca	**Pentecostes** cor vermelha Martírio, fogo

Ir. Helena Corazza - SEPAC

Parte III
Comunicação e cultura
Novas possibilidades de comunicar

A comunicação, como processo comunicacional, acontece de forma presencial e também através de meios de comunicação. A Igreja tem uma presença significativa e disponibiliza, em seus canais de rádio, televisão e internet, programas de evangelização, missas e celebrações que podem ser acompanhadas a distância.

Toda religião é fundamentalmente comunicação. O humano se comunica com o divino e o divino, com o humano. As religiões comunicam sua experiência de fé. Tradicionalmente elas privilegiaram os conteúdos, o que *comunicar*, talvez em detrimento da forma. Hoje, com mudanças culturais, precisam preocupar-se com a forma, *como comunicar*, uma vez que a forma é conteúdo.

A Igreja como a sociedade, ao longo dos últimos quinhentos anos, viveu a cultura da escrita, também chamada de era de Gutenberg, o inventor da imprensa (1456). Essa cultura se apoia, predominantemente, na escrita, na razão, em conceitos abstratos e sua lógica é linear. Com as mudanças tecnológicas, mudam os modos de comunicar. Devido aos computadores e a todas as mudanças que eles trazem, desenvolve-se a cultura audiovisual e digital, mais sensorial, que se baseia no imaginário, com a percepção não linear, mais global.

As possibilidades de comunicação através dos meios vão também modificando a sensibilidade e as formas de "estar juntos". E a participação presencial passa a ser também digital. O "púlpito", espaço de pregação nas igrejas mais antigas, está hoje presente por meio das comunicações. Essa forma de sentir e viver faz parte da convivência do dia a dia. Com esses e outros elementos, a comunicação é cultura e parte do cotidiano.

E, para além dos meios, a comunicação é hoje vista e estudada como espaço público, ágora, espaço do debate e da visibilidade. Os meios são mediações e, nesse espaço, acontece o reconhecimento das "trocas simbólicas", que são novas formas de convivência, de sociabilidade, de "estar juntos, celebrar juntos". Por isso, é importante pensar a comunicação religiosa neste contexto.

O relacionamento entre as pessoas também passa pelas tecnologias. Os pesquisadores entendem que

> os meios de comunicação estão criando espaços relacionais, espaços sociais, espaços de vida em que a presença das tecnologias passa a ser mediadora de formas distintas de compreender a própria vida. Eles mediam um processo social novo. Uma ambiência nova (SOUSA, 2003, p. 23).

O sentido de ambiência está ligado à convivência das tecnologias com a vida cotidiana, nas conversas, pautas de assuntos de interesse, que vão formando a visão de mundo que as pessoas passam a ter.

1. Mudanças na linguagem

Na sociedade atual e por influência dos meios de comunicação, há uma mudança na linguagem e na maneira de "ler" os acontecimentos. Na literatura sobre a sociedade em redes, Neil Postmann expressa sua interpretação a respeito da linguagem: "Não vemos a realidade como ela é, mas como são nossas linguagens. E nossas linguagens são nossas mídias, nossas mídias são metáforas e criam o conteúdo da cultura".

Essa frase chama a atenção para as linguagens atuais, evidenciadas e até criadas pelas mídias, e, sobretudo, a interpretação, o significado que elas adquirem na convivência, fazendo parte da cultura. De modo que "as linguagens não são tecnologias, mas o sentido que damos a elas, que criamos a partir delas" (SOUSA, 2003, p. 10).

No campo da linguagem, duas grandes características tecnológicas agitam a humanidade. A preponderância de uma linguagem de *modulação*, que é a vibração que chega às pessoas e as toca. Trata-se do impacto sensorial das imagens, das cores, dos ritmos e dos sons, que substitui a materialidade.

A outra característica tecnológica é a preponderância dada às *interconexões* (computadores e satélites de comunicação). Ocorre uma mudança nas relações tradicionais de solidariedade, de tempo e de espaço: é a ruptura das fronteiras geográficas e a criação de novas formas de convivência a distância.

Essa realidade é mudança de paradigma, de modelo, também no modo de entender e realizar a evangelização, que o Papa João Paulo II aponta na encíclica *Redemptoris Missio*:

> O primeiro areópago dos tempos modernos é o mundo das comunicações [...] o uso dos *mass media*, no entanto, não tem somente a finalidade de multiplicar o anúncio do Evangelho: trata-se de um fato muito mais profundo, porque a própria evangelização da cultura moderna depende, em grande parte, da sua influência. Não é suficiente, portanto, usá-los para difundir a mensagem cristã e o Magistério da Igreja, mas é necessário integrar a mensagem nessa nova cultura, criada pelas modernas comunicações. É um problema complexo, pois esta cultura nasce menos dos conteúdos do que do próprio fato de existirem novos modos de comunicar com novas linguagens, novas técnicas, novas atitudes psicológicas (RM, n. 37c).

Essa mudança de modelos faz pensar em três culturas, conforme quadro seguinte. Preocupado com as novas linguagens para o anúncio do Evangelho, Babin chama a atenção para modelos diferentes na evangelização, para contextos culturais e épocas diferentes. São novos paradigmas que mudam o modo de comunicar nas diferentes culturas.

Observem-se, na horizontal e na vertical, as diferentes eras, indicando os modos de comunicar diferenciados em relação a liderança, emissores, mensagem, receptores e estrutura social.

É evidente a passagem do predomínio da razão lógica para o campo da experiência, linguagem adotada, sobretudo, pela mídia eletrônica. Esses aspectos constituem desafios para o modo de comunicar hoje, tanto para quem comunica quanto para o contexto diferenciado dos receptores. Trata-se de um novo paradigma.

TRÊS CULTURAS – TRÊS MODOS DE EVANGELIZAÇÃO

Era da cultura oral Início da Igreja	Era de Gutenberg Séculos XVI a XX	Era eletrônica, das mídias Final dos séculos XX-XXI
Liderança medial		
A palavra	O livro	As mídias
	Emissores	
Anunciar	**Ensinar**	**Ser um meio**
Proclamar	Pregar	Propor
Pregar	Escrever	Dialogar
Testemunhar	Explicar	Modular (som/imagem)
Fazer milagres	Demonstrar	Programar
Mensagem		
Discurso	**Palavra**	***Medium* – meio**
Pregação	Doutrina	Corpo
Testemunho	Catecismo	Tecnologia
Milagres	Teologia	Comunicação
Receptores		
Escutar	**Aprender**	**Vibrar**
Converter-se	Memorizar	Escolher
Ser discípulo	Compreender	Clicar
Ser batizado	Praticar	Conectar-se
Pertencer à comunidade	Agir	Pertencer (fazer corpo com)
Estrutura social		
Comunidade Discípulo	Paróquia Escola (catecismo)	Comunidade de afinidade Redes

(*Mídias, chance para o Evangelho*, Pierre Babin, 2005, p. 175).

Note-se que as culturas não se excluem, mas convivem, estabelecendo um desafio para a evangelização. As culturas oral, impressa, audiovisual e digital acontecem simultaneamente no cotidiano da vida e na educação da fé.

2. Desafios para a evangelização

Na cultura da mídia, a mensagem não consiste na doutrina, nas ideias ou nas palavras. O que se oferece à audiência é o corpo, a imagem, a voz, os gestos. Como nessa linguagem há o primado da experiência sobre o abstrato, o que predomina é o toque. Há uma conexão com as palavras do Evangelho de João: "Minhas ovelhas escutam a minha voz" (Jo 10,16). As pessoas se apoiam na experiência: "vinde e vede", vinde e experimentai.

Entendido dessa maneira, a pessoa, o grupo, se torna o *meio* pelo qual muitos passam a conhecer o Evangelho, não na letra, não pelo que se fala, mas no mundo vivido, de forma encarnada, concreta. É a experiência que São João descreve em sua primeira carta: "O que vimos, o que ouvimos, o que nossas mãos tocaram, o evangelho da vida, é isso que vos anunciamos" (cf. 1Jo 1,1-4). As pessoas acreditam pelo testemunho.

Daí a importância dos aspectos sensíveis no espaço, nas cores, no ritmo, nos relacionamentos, na amizade, no tom de voz. É o que toca e faz vibrar. Por isso, evangelizar na nova cultura é também privilegiar o *entorno*, o ambiente, o tom de voz e a música.

Há uma grande sede de relacionamentos próximos e de contatos. Falando desses contatos pela internet, Medrano diz:

> O encontro pessoal está no cerne da mídia relacional. A Palavra tornou-se digital desde o momento em que as relações humanas foram estabelecidas na cultura digital. Quando alguém *surfa* na internet, pode-se perceber "uma busca insaciável de conexão". Não se trata de um desejo de comunhão? O empreendimento digitalizado do ser humano na internet é uma procura não apenas de dados, mas de significados e de relacionamentos (MEDRANO, 1997, p. 79).

Essas formas de comunicar interferem na comunicação da Igreja e nas celebrações. E fica a pergunta: qual a palavra missionária adequada à era da comunicação do computador, na qual cada pessoa escolhe o que lhe agrada no momento em que bem entende?

Podemos dizer que o modo de comunicar do Papa Francisco está em sintonia com esta cultura que requer proximidade, aconchego, relacionamento próximo. Antes de tudo, observa-se que ele é comunicação pela sua pessoa, presença, modo de tratar, surpreendendo sempre. Em suas catequeses e escritos, fala de alegria, vibração, proximidade evocando a presença de Deus na vida cotidiana, afirmando que a Igreja é "uma mãe de coração aberto". Insiste na necessidade de sermos uma Igreja "em saída", de portas abertas. "A Igreja é chamada a ser sempre a casa aberta do Pai. Um dos sinais concretos desta abertura é ter, por todo lado, igrejas com as portas abertas" (cf. EG, nn. 46-47).

3. A mídia eletrônica a serviço da fé

Os meios de comunicação eletrônicos e digitais, como rádio e televisão, internet, redes sociais possibilitam o primeiro anúncio e também sustentam a fé dos fiéis. Assim como as pessoas pedem que o rádio, a televisão, a internet as eduquem, deem informação, do mesmo modo acolhem e pedem que se reze com elas; por isso, gostam de receber orientações para alimentar sua fé.

O primeiro objetivo dessas mídias é despertar, mobilizar, informar. De fato, pode-se despertar as pessoas para uma série de coisas, inclusive para que se integrem na comunidade. O objetivo da mídia não é o aprofundamento da fé. Isso deve ser realizado na comunidade. Mas a mídia pode e deve trabalhar ligada à comunidade, convidando as pessoas a participarem.

E, quando aqui falamos em mídias, não nos referimos apenas aos grandes meios e aos proprietários ou concessionários. Lembramos os infinitos pequenos espaços que as paróquias e movimentos religiosos e sociais dispõem, tanto em capitais quanto em pequenas cidades do interior, para o anúncio do Evangelho. Ainda que sejam 5 minutos diários ou meia hora semanal, é um espaço de mídia a ser valorizado, bem como pela internet.

3.1. Transmissões de celebrações litúrgicas pelas mídias eletrônicas e digitais

A Igreja recomenda especial cuidado com as transmissões de celebrações de atos litúrgicos, para que "sejam feitas de maneira discreta e decorosa, sob a direção e patrocínio de pessoas idôneas, designadas pelo bispo" (SC, 1967, n. 20).

Atualmente é muito comum fazer transmissões simultâneas por rádio, televisão e internet, aproveitando o sinal do rádio ou da televisão, e disponibilizar na internet. As *Web rádios* e *Web tvs* também são uma realidade em muitas paróquias ou grupos religiosos, transmitindo celebrações litúrgicas. As transmissões têm valor evangelizador, pois chegam a muitas pessoas que estão impossibilitadas de participar de forma presencial. Um dos cuidados ao transmitir missas é que elas sejam ao vivo.

> A transmissão por meios eletrônicos, rádio, TV ou internet, deve ser sempre ao vivo. Uma transmissão gravada, embora possua características evangelizadoras legítimas, não possibilita o vínculo entre a comunidade que participa da celebração presencialmente e quem a ela assiste a distância (CNBB, Doc. 99, n. 100).

O Diretório de Comunicação da Igreja no Brasil também é claro em relação a quem preside e às equipes de comunicação nas celebrações presenciais ou transmitidas por alguma mídia:

> Em nenhuma circunstância e sob nenhum pretexto, a celebração da missa, na forma presencial ou mediante transmissão ao vivo por meios eletrônicos, pode converter-se em espetáculo ou mesmo se apresentar como *marketing* ou *performance* artística do ministro que a preside ou proclama a Palavra, bem como dos músicos, cantores ou de outros envolvidos (CNBB, 2014, n. 102).

3.2. A linguagem das mídias

O rádio é a palavra falada. Mais do que se preocupar em teatralizar a celebração, é importante estar compenetrados do mistério que celebramos – viver o que estamos celebrando e manter a concentração no trabalho organizado, que é uma celebração. A naturalidade é um aspecto fundamental nas celebrações pela mídia. Quando se fala a partir do coração e não apenas do raciocínio, o *calor humano*, a emoção emergem como a palavra que toca o interlocutor. Mensagens que vão pela vibração através das ondas sonoras. Os ouvintes se identificam com as inquietações e aspirações de quem se comunica com eles. No rádio, a *voz* é o recurso fundamental, por isso, a estética da voz tem grande importância.

A televisão reúne imagem e som, com a predominância do visual. A visualidade e a estética visual, o cenário, o gestual são fundamentais para uma boa comunicação. *A forma aqui é o conteúdo*. Tanto quanto na comunicação entre as pessoas, é bom ter em conta que o peso maior não é dado às palavras, mas ao modo de falar e aos gestos. A comunicação constitui-se em 10% de palavra, conteúdo, ou seja, *o que se diz*; em 30%, do *modo de se expressar*, o *tom de voz*, o timbre, o *volume* (alto, baixo, normal), o *tom* (seco, indiferente, impositivo, cordial); e em 60% de *gestualidade, expressões faciais e movimentos do corpo* (sentado, em pé, encurvado etc.) e nos seus *detalhes*, como expressões do olhar, movimentos da cabeça, das mãos (AVANTI, 1998, p. 14-15).

Importa respeitar a *linguagem* dos meios de comunicação, pois são específicas e acentuam alguns aspectos que já são realidade na comunicação presencial, conforme referência anterior. Daí a importância da pessoa que comunica, do cenário, dos entornos, porque tudo é comunicação.

O rádio e a televisão são importantes para informar, transmitir conhecimentos, promover inquietações, provocar reflexões sobre valores e atitudes, estimular raciocínios, favorecer a formação da consciência crítica. Entretanto, não se prestam para difundir conferências e dissertações. Ninguém acompanha uma exposição muito longa no rádio, porque vêm a fadiga e a distração. Quando nos comunicamos, precisamos ter em conta a condição do ouvinte ou telespectador: ele ouve e vê fazendo outras coisas. Dificilmente a atenção está concentrada como em uma igreja. Por isso, o formato de conferência e grandes falas não são adequados à comunicação radiofônica e televisiva.

3.3. Apontamentos para transmissão de missas

As missas de rádio, televisão e internet necessitam de preparação e produção. Além da equipe de celebração, do espaço, há a equipe técnica com profissionais envolvidos. O trabalho precisa ser organizado e distribuídas as competências. As diferentes equipes – de produção, técnica, direção de estúdio e de imagens ou de áudio – necessitam trabalhar em sintonia. As comunidades que atuam em rádio, televisão e internet também devem estar organizadas. Além das equipes de celebração, é importante que alguém faça a direção artística religiosa para indicar as melhores imagens, os momentos, enfim, que haja direção dos câmeras ou cinegrafistas.

O tempo é um fator importante nas transmissões. Há um período previsto para a transmissão que tem de ser respeitado. Em ocasiões especiais, em que é necessário mais tempo, deve haver negociação, antecipadamente.

O trabalho de equipe e a sintonia são fundamentais. Acontecem, normalmente, muitos imprevistos; por isso, é essencial existir colaboração para garantir um trabalho de qualidade, minimizando possíveis erros.

Três equipes atuam ao mesmo tempo:

- Equipe de *produção*: responsável por tudo o que vai acontecer – local, ornamentação, convidados, roteiros, conteúdos em geral. Fala-se que a produção "carrega o piano".
- Equipe *técnica*: os profissionais que transmitem o evento. Na televisão são os câmeras, iluminador, direção de imagens, operador de VT (videoteipe), edição, caracteres etc. Essa equipe tem uma direção.
- *Atores*: os que atuam na celebração – presidente, ministros/as, animadores, leitores, coral, procissões.

Dicas

- É bom destacar que as missas de rádio são mais simples. Normalmente há um profissional responsável pela transmissão. O que importa é que alguém do rádio ou que conheça rádio faça de fato a transmissão, ou seja, conte para o ouvinte o que está acontecendo na Igreja. Por exemplo: procissão de entrada com a Bíblia, símbolos, dança, cores, flores etc. Quem está na Igreja acompanha o que acontece; porém, quem sintoniza via rádio não sabe o que está ocorrendo, se alguém não lhe contar. O mesmo vale para outros momentos da celebração, por exemplo, ofertório, Pai-Nosso, abraço da paz, comunhão. Isso se faz com um microfone ligado diretamente à emissora.

- Em celebrações transmitidas, a equipe de produção deve escolher as pessoas que vão se comunicar. Verificar as condições necessárias, como a capacidade de apresentar-se em público e de comunicar-se com certo desembaraço. E quando se fala em escolher pessoas, não se trata de discriminar, mas de respeitar a linguagem e prezar pela qualidade da celebração.

- A equipe técnica precisa providenciar microfones suficientes (baterias carregadas) para a equipe de celebração e microfones para a assembleia, a fim de que o som seja captado. O comentarista deve dar as respostas ao microfone, junto com a assembleia. Microfones para a assembleia e para o canto, em locais estratégicos, garantem a boa transmissão. Caso contrário, passa a ideia de uma igreja vazia ou que não participa.

- Quando profissionais forem transmitir um evento, observar:

    - ✓ que sejam bem recebidos e acolhidos por alguém responsável na comunidade;
    - ✓ que alguém seja referência para dar informações sobre o que vai acontecer. De preferência entregar algum *release*, algum roteiro da programação;
    - ✓ indicar o que é mais importante destacar, o que se quer mostrar; apontar pessoas-chave, nomes completos e cargos por escrito.

    Depois do evento:
    - ✓ acompanhar quando a matéria vai ao ar. Dar retorno, agradecer e, se preciso, fazer observações.

- Em caso de missas de TV realizadas em estúdio, observar alguns elementos fundamentais, como a assembleia, que precisa ser mostrada. Ainda que sejam poucas pessoas, essa assembleia pode ser constituída pela equipe de celebração. Orientar a equipe técnica nesse sentido.

- Recomenda-se que as leituras sejam proclamadas do Lecionário. Em televisão, havendo a possibilidade do uso do TP (*teleprompter*), dar atenção ao treinamento, para que sejam proclamadas com naturalidade e não se tornem mecânicas. O TP ajuda a comunicação, sobretudo quando há textos longos.

- Em se tratando de uma ação litúrgica, que tem seu ritual próprio, a câmera é que deve olhar para os acontecimentos. Quem preside e participa também precisa estar atento e se relacionar naturalmente com a câmera, mantendo-se concentrado no momento celebrativo.

- Em missas e celebrações transmitidas, devido às questões técnicas, há uma natural dispersão no ambiente que pode desconcentrar e até irritar as pessoas não habituadas ao que acontece nos "bastidores". Quem atua precisa ter atenção ao que se chama de "domínio de espaço", ou seja, a capacidade de manter-se concentrado no que vai fazer, sem se importar com os acontecimentos ao redor. Deve-se lembrar de que o importante é o bom contato com o público e, para isso, há necessidade de viver-se intensamente o momento presente, concentrando-se no essencial. Evitar a dispersão do olhar, querendo acompanhar o que acontece ao redor.

4. Uso de equipamentos nas celebrações

Os equipamentos são suportes cujo objetivo é facilitar a comunicação sonora e visual; por isso, é preciso servir-se deles de forma adequada para que não se tornem ruídos para o olhar e o ouvir. Esse critério pode ser aplicado para microfones, telões (*datashow*) e também para instrumentos musicais, sobretudo os mais ruidosos. A grande preocupação é não dispersar do mistério que estamos celebrando.

É cada vez mais comum o uso do *datashow* nas celebrações, substituindo as folhas ou livros de canto e, até mesmo, livros litúrgicos. Para isso se faz necessário alguns cuidados:

- localização dos equipamentos em lugar discreto para não tomar o espaço do altar ou da circulação das pessoas;
- preparar o manuseio discreto, sem dispersão;
- preparar os textos digitados de forma que estejam na sequência correta, legíveis e com estética.

Quanto ao som ambiente e microfones, é bom que alguém fique cuidando para que esteja no volume adequado à maioria. As músicas também precisam estar em um volume agradável. Ao usar fundo musical, recomenda-se música instrumental neutra, que deve ficar em segundo plano. Quando o som instrumental é muito conhecido, pode sobressair-se ao texto e não ajudar a atingir os objetivos. Evite-se usar ainda música de fundo cantada.

4.1. Uso do microfone nas igrejas e em outras ocasiões

1. *Conhecer o microfone* – Informar-se se o microfone é direcional ou multidirecional. Se for direcional, a pessoa deve posicionar-se de frente, não de lado, e falar próximo a ele. Normalmente a distância para se falar é de um palmo, mas depende da qualidade e da sensibilidade técnica. Testar antes.

2. *O tom de voz* – conhecendo o microfone, tem-se orientação sobre o tom de voz. Dependendo da sensibilidade, fala-se com maior ou menor volume. Ao microfone não é preciso gritar, pois ele amplia o volume da voz. Verificar se o som chega bem agradável, nem tão alto que fira os ouvidos, nem tão baixo que exija esforço para entender. O tom de voz deve ser ameno e dinâmico, ter ritmo. Variar o tom de voz ajuda a quebrar a monotonia (modulação).

3. *Diversos tipos de microfone* – para os microfones de pedestal, posicionar-se de frente. Evitar movimentação excessiva, pois pode prejudicar a clareza da fala. Falar com clareza e ritmo: nem muito rápido nem muito lento, e pronunciar bem as palavras (articulação). Quando se mantém o microfone na mão, cuidado para não o bater ou desviá-lo da boca. Em regra, segura-se com uma mão para manter a outra livre para gesticular ou escrever. Microfones de lapela, com frequência, são mais sensíveis e dão liberdade de movimento. Cuidado com a

microfonia e com metais (correntinhas, medalhas, crucifixo), pois podem produzir ruídos que atrapalham.

- Posicionamento – tratar o microfone com cuidado e naturalidade. Manter calma. Ele é apenas um instrumento para nos ajudar. Tendo domínio sobre a técnica, preocupar-se com o público. Quanto mais calma e dona de si uma pessoa estiver, melhor será sua comunicação.

4.2. Como falar ao microfone em rádio, televisão e *web*

Em voz baixa, em tom coloquial, conversando:
- conversar não é ler nem gritar, tampouco fazer discursos ou declamar;
- ainda que seguindo um texto, não se lê, fala-se;
- fala-se a uma pessoa, não à multidão;
- evitar ruídos de papel, das mãos, da boca, ou tocar no microfone;
- posicionar-se em meio perfil em relação ao microfone, não de frente. Colocar o papel, com o texto, de maneira vertical, ao lado do microfone. Não ler olhando para baixo, mesmo quando utilizar o monitor;
- colocar-se no lugar do ouvinte; o que você não entende nem o ouvinte entenderá;
- manter o sorriso nos lábios e evitar falar em tom áspero;
- uma vez preparado e assumido o texto, a comunicação de quem fala levará, com a empatia, à própria convicção.

5. Roteiro para transmissão de missa pelo rádio – Indicações

É importante que os coordenadores – presidente, técnica, comentarista – tenham o roteiro em mãos ou, pelo menos, anotações para que haja entendimento, antes da celebração, sobre o que vai acontecer. O roteiro que segue não está acabado. Tem apenas a finalidade de sinalizar a atenção ao ouvinte que apenas escuta e não está vendo o que se passa na igreja.

O roteiro apresentado é para a equipe de celebração. O comentarista precisa estar atento para que não haja vazios, "buracos", por causa de demoras, por exemplo, até o leitor chegar ao microfone. Se não há alguém que faça os comentários para a rádio com microfone direto, quem comenta na igreja precisa preencher os vazios com pequenos comentários, para os ouvintes.

Seria bom ter um comentarista com o microfone aberto diretamente para a rádio, o qual fica num espaço próximo à técnica e faz os comentários para o ouvinte, preenchendo os vazios. Se for um microfone sem fio com alcance, melhor ainda para descrever as celebrações. Lembrar sempre de mencionar os internautas, pois a maioria das rádios também está na internet.

Técnica	Texto – seguir o Lecionário
Vinheta de abertura – do estúdio	A partir deste momento, a Rádio... transmite a Santa Missa direto da igreja... (endereço). (Normalmente, as emissoras têm esse texto gravado. Caso não haja gravação, o comentarista o diz.)
Comentarista	Bom dia (Boa tarde, Boa noite), irmãos e amigos reunidos aqui na igreja... e você que nos acompanha pela Rádio... ou pela internet. Sejam bem-vindos a esta celebração! (Continua o comentário. Se há procissão de entrada, diz quem compõe essa procissão e quem a preside. Convida ao canto de entrada.)
Coral e assembleia	(Canto de entrada.)
Presidente da celebração	(Saúda a assembleia e os ouvintes, inicia a celebração e introduz os ritos iniciais.)
Comentarista	(Introduz o ato penitencial e, se for o caso, convida ao canto.)
Presidente	(Reza o ato penitencial e, a seguir, o "Glória" – conforme o tempo litúrgico.) (Logo depois, o "Oremos"– Oração da coleta.)
Comentarista	(Liturgia da Palavra – no caso de procissão da Palavra, dizer algo como: Neste momento a Palavra de Deus está sendo trazida pelas crianças da catequese para ser proclamada. A Palavra está sendo acompanhada pelo Círio Pascal, a luz de Cristo. E você que está participando conosco desta celebração pela Rádio... acolha a Palavra em seu coração. Acolhamos a Palavra de Deus, de pé, cantando...)
Coral e assembleia	(Canto de aclamação da Palavra.)

Técnica	Texto – seguir o Lecionário
Comentarista	Aclamemos a Palavra que chega ao altar, com palmas. (Continua...) O livro dos Atos dos Apóstolos apresenta a comunidade cristã no exercício do amor e da caridade.
Leitor(a)	Leitura dos Atos dos Apóstolos. (Faz a proclamação da Palavra.)
Salmista – Salmo responsorial	(Entra cantando o refrão e a comunidade repete. A seguir, as estrofes com a participação da assembleia.)
Leitor(a)	Leitura da Primeira Carta de São Paulo aos Coríntios...
Comentarista	(Introduz o Evangelho e convida ao canto de aclamação.)
Coral	(Canto de aclamação ao Evangelho.)
Presidente	Proclamação do Evangelho de Jesus Cristo segundo... (Homilia – breve. Não deve ultrapassar 10 minutos.)
Presidente	(Convida à profissão de fé...) Creio em Deus Pai... (A seguir, introduz a oração da assembleia.)
Leitor(a)	(Faz as preces e a comunidade participa.)
Comentarista	(Liturgia sacramental.) Neste momento, fazemos a preparação das ofertas. Ofertamos ao Senhor a nossa vida, a semana que passou, as alegrias e dificuldades. Aqui na comunidade, alguns representantes trazem o pão e o vinho para o altar e também se recolhem as ofertas da comunidade. Você que nos acompanha pela Rádio... e pela internet una-se à comunidade e a quem está aí com você e faça sua oferta ao Senhor. O nosso canto é...
Presidente	Orai, irmãos e irmãs... (Oração sobre as oferendas... segue a Oração eucarística... e a comunidade participa com as aclamações.)

Técnica	Texto – seguir o Lecionário
Música de fundo suave. Pode ser instrumental	(Momento da consagração.)
Presidente	Eis o mistério da fé!
Presidente	Agora, como irmãos e irmãs, unamos nossas mãos para rezar ao Pai de todos nós. Você que nos acompanha pela Rádio... e pela internet, de onde você estiver, em casa, no hospital, viajando, reze conosco: Pai nosso...
Comentarista	A paz é fruto do amor, da compreensão, da solidariedade. Que a paz de Jesus esteja com você que nos acompanha. Receba o nosso abraço e dê o seu a quem está ao seu lado. Não se sinta sozinho, acolha em seu coração as pessoas que ama e saiba que nós estamos com você. Muita paz! (Reza-se o "Cordeiro de Deus".)
Comentarista	É o momento da comunhão. Nós que estamos aqui na comunidade, podemos receber o corpo e sangue do Senhor. E você, ouvinte e internauta, sinta-se em comunhão com a comunidade e faça partilha com quem está ao seu lado, com seus familiares e amigos. (Convida ao canto de comunhão. Se o canto for longo, pode-se fazer pequenos comentários no microfone direto para a rádio.) (Comunicados paroquiais: como a missa é transmitida, dar os avisos mais abrangentes que também digam respeito aos ouvintes/internautas.)
Presidente	(Oração final e bênção.)
Coro	(Canto final, se houver tempo.)

Técnica	Texto – seguir o Lecionário
Comentarista	Obrigado a você que celebrou conosco aqui na igreja... e também a quem participou pela Rádio... e pela internet. Que Deus o abençoe e você possa ter um ótimo domingo e uma semana abençoada. (Alguma palavra alusiva ao momento.) VOLTAMOS AGORA AOS ESTÚDIOS CENTRAIS DA RÁDIO...
Vinheta de encerramento	

Em se tratando de transmissões pela web rádio, dirigir-se ao internauta que acompanha por esta forma de comunicação. As transmissões para a web rádio seguem o mesmo roteiro das transmissões radiofônicas, sendo que devem ser ao vivo. Atenção a mudanças técnicas que ocorrem e as adaptações precisam ser feitas, muitas vezes, de forma pontual.

6. Roteiro para missa de televisão e *web TV* – Indicações

Para as missas de televisão, sempre há um roteiro a ser seguido, ainda que seja o do Missal Romano ou do Lecionário. Nem todas as equipes formalizam um roteiro de TV, no papel, mas isso não significa que não exista. É porque a equipe já está treinada e cada um sabe o que vai fazer.

A finalidade do roteiro é para que as equipes estejam em sintonia e, sobretudo, para que a equipe técnica possa orientar os câmeras a fim de antecipar os enquadramentos e mostrar as ações no momento que acontecem (caso contrário, os câmeras "correm atrás" dos fatos e, para o telespectador, passa-se a impressão de que a imagem não acompanha o que é dito). Colocamos, a seguir, algumas orientações que poderão ajudar as equipes e o esboço de dois modelos de roteiro.

- Ter em conta todas as equipes que atuam: equipe de celebração, canto, técnica, e não apenas as pessoas envolvidas na liturgia.
- Para quem atua em televisão, é importante aceitar ser dirigido. Há sempre uma direção que orienta, pois quem se apresenta não se vê. É bom não se observar no

monitor quando se está no ar, pois isso pode dispersar o olhar e prejudicar o bom desempenho.
- A direção do programa orienta os câmeras a respeito das imagens e do andamento da celebração. É necessário aproveitar o recurso técnico do intercomunicador (fone da direção com o estúdio) e a sensibilidade dos câmeras para melhor transmissão.
- É fundamental que a pessoa responsável pela celebração oriente o diretor técnico sobre o que vai acontecer, para que ele instrua os câmeras. É aconselhável que o responsável pela missa fique com os técnicos e informe a mesa de corte, na seleção das imagens que vão ao ar.
- A espontaneidade é importante. Entretanto, para quem preside, é essencial que o gestual seja mais contido, sem ser tímido ou acanhado, para que tudo fique harmonioso.
- O roteiro precisa estar nas mãos de todos os envolvidos. Se não há um roteiro acabado, pelo menos se providencie um roteiro simples ou espelho sinalizando (Modelo 1, p. 94?) o que vai acontecer, sobretudo as coisas diferentes.
- Atenção especial seja dada à iluminação e aos microfones.
- A organização das diferentes equipes (produção, técnica e de realização) vale para as missas de rádio e televisão.
- No roteiro deve constar a atribuição dos câmeras, que são orientados sobre as imagens que irão colher nos vários momentos. A variedade de câmeras pode enriquecer a captação das imagens: uma fica liberada para

o geral (PG – plano geral), outra, para quem preside (variando entre o Plano Americano – PA – e Médio – PM), outra, ainda, para a assembleia (planos mais abertos) e uma única para detalhes, que podem ser tanto da assembleia quanto do coral ou do celebrante. Caso não haja esse número de câmeras, adaptar segundo as condições.

- É bom que as câmeras estejam sobre tripés. No caso da câmera 4, que fica solta, o operador precisa ter bom desempenho, equilíbrio e criatividade para captar boas imagens.
- No roteiro deve constar o nome dos convidados (celebrante, comentarista, leitores, salmista, grupo de canto e outros), para facilitar a identificação no vídeo.
- Há várias modalidades de roteiros: em colunas, em texto corrido, só espelhamento, pelo missal; folhetos também são roteiros, que deverão ser complementados com a linguagem técnica. Colocamos dois exemplos do "Espelhamento com indicativos para roteiro", bastante usado em programas televisivos, e outro Roteiro técnico (v. páginas seguintes).
- Como há pessoas com necessidades especiais (auditivas e visuais), é importante traduzir para Libras ou legendar o texto dos cantos e das leituras.
- Recomenda-se que a legenda seja colocada com caixa de fundo, em fonte legível (Tiresia ou outra), sem serifas.

Roteiro – Missa de televisão – Modelo 1

Ficha técnica

Arquidiocese – diocese_____

Domingo_____

Cidade e data_____

Dados para o GC (gerador de caracteres)

Equipe responsável pela produção_____

Comentarista_____

Presidente da celebração_____

Nome de quem faz as leituras e o salmo:

primeira leitura_____

segunda leitura_____

salmista_____

Coral ou grupo musical_____

Outras participações_____

Missa de televisão – Espelho indicativo para roteiro

VT – Vinheta de abertura

(Câmera – Fecha no comentarista.)

Comentarista – Bom dia (Boa tarde, Boa noite), irmãos e amigos reunidos aqui na Igreja... e você que nos acompanha pela TV... ou pela internet. Sejam bem-vindos a esta celebração! Hoje a Igreja celebra... (Continua o comentário do dia. Convida ao canto de entrada.)

GC – Ritos Iniciais

(Câmera – Durante o canto, a câmera passeia detalhando o coral, a assembleia e a procissão de entrada.)

Canto de Entrada (Caso seja usado algum CD, indicar o crédito no GC: nome da música e CD.)
(Câmera – Acompanha o presidente. Outro câmera mostra a assembleia.)

Presidente – Em nome do Pai e do Filho e do Espírito Santo.

Assembleia – Amém!

Presidente – A graça de nosso Senhor... estejam sempre convosco!

Assembleia – Bendito seja Deus que nos reuniu no amor de Cristo!

Ato penitencial

(Enquanto um câmera mostra o presidente, outro focaliza a participação da assembleia.)

Hino de louvor

(Normalmente é cantado.)
(Dois câmeras captando imagens – um em plano geral e outro mais fechado – mostram presidente, coral e assembleia durante o canto do "Glória".)

Presidente – Oremos... (Reza a oração do dia.)

GC – Liturgia da Palavra

(Enquanto um câmera mostra a procissão de entrada da Palavra, outro mostra a assembleia acolhendo e participando. No final, um dos câmeras focaliza o comentarista e outro, o leitor.)

Comentarista – (Introduz a liturgia da Palavra em apenas um comentário.)

Primeira leitura – (Indicar no GC a citação bíblica e o nome da pessoa.)
(Leitor/a proclama a Palavra.)

Final da leitura, leitor(a) – Palavra do Senhor!

Assembleia – Graças a Deus!

Salmo responsorial (Cantado.)

(Um dos câmeras mostra o leitor; a seguir, focaliza o coral ou a assembleia e posiciona-se na direção do presidente que proclamará o Evangelho. Isso vale para o Evangelho.)

Segunda leitura – (Indicar no GC a citação bíblica e o nome da pessoa.)
(Leitor proclama a Palavra.)

Leitor(a) – Palavra do Senhor!

Assembleia – Graças a Deus!

Aclamação ao Evangelho

Comentarista – (Introduz o Evangelho.)

Canto de aclamação

Presidente – O Senhor esteja convosco!

Assembleia – Ele está no meio de nós!

Presidente – Proclamação do Evangelho...

Assembleia – Glória a vós, Senhor!

Presidente – Naquele tempo...

Palavra da Salvação!

Assembleia – Glória a vós, Senhor!

Homilia

(Um câmera acompanha o presidente e os outros podem mostrar a assembleia atenta ou alguma ilustração [cartaz] alusiva ao tema explanado. Evitar imagens dispersivas.)

Profissão de fé

(Um câmera acompanha a oração, outro se posiciona na direção do padre que introduz a oração e outro mostra a pessoa que vai fazer a oração dos fiéis.)

Presidente – (Convida a assembleia a ficar de pé e rezar o "Credo".)

Creio em Deus Pai...

Assembleia – ... todo-poderoso, criador... Amém.

Preces dos fiéis

Presidente – (Introduz a oração.)

Oração – ("Rezemos ao Senhor" ou "Nós vos pedimos, Senhor".)

Assembleia – (Responde a cada pedido.)

GC – Liturgia Eucarística

Preparação das ofertas

(Câmeras – se houver procissão de ofertório, acompanhar o movimento e mostrar os símbolos e também a participação da assembleia e da equipe de canto. Um câmera acompanha o ritual do altar.)

Canto de ofertório

Presidente – Orai, irmãos e irmãs... (De pé.)

Assembleia – Receba o Senhor...

Presidente – Oração sobre as oferendas...

Assembleia – Amém.

(Câmeras – acompanham o diálogo entre a assembleia e o presidente, em toda a oração eucarística.)

Oração eucarística

Presidente – O Senhor esteja convosco.

Assembleia – Ele está no meio de nós.

Presidente – Corações ao alto!

Assembleia – O nosso coração está em Deus.

Presidente – Demos graças ao Senhor, nosso Deus.

Assembleia – É nosso dever e nossa salvação.

Presidente – Na verdade... a uma só voz.

Santo (Cantado ou rezado.)

(Segue a oração eucarística com a participação da assembleia, que pode rezar ou cantar as respostas.)

Presidente – Na verdade...

(Uma câmera acompanha os gestos do celebrante – na consagração –, ou seja, elevação da hóstia e do cálice, a resposta da assembleia com aclamações e, no final da oração eucarística, o "Amém", que pode ser cantado.)

Presidente – Por Cristo, com Cristo e em Cristo, a vós ó Deus Pai todo-poderoso, na unidade do Espírito Santo, toda a honra e toda a glória, agora e para sempre.

Assembleia – Amém.

(Um câmera acompanha o gesto do celebrante, que convida a comunidade à oração do Pai-Nosso; outro, a participação da assembleia que reza de mãos dadas ou com os braços para o alto.)

Oração do Pai-Nosso

Presidente – Obedientes à Palavra do Salvador e formados por seu divino ensinamento, ousamos dizer... (Pode ter alguma outra motivação, que convoque a comunidade à comunhão fraterna e à solidariedade.)

Pai nosso...

Presidente – Livrai-nos de todos os males... a vinda do Cristo Salvador.

Assembleia – Vosso é o Reino...

Oração pela paz

(Câmeras acompanham o abraço da paz – momento importante de fraternidade em que as pessoas se cumprimentam –, o diálogo entre o celebrante e a assembleia e, logo depois, os gestos no altar – Fração do pão.)

Presidente – Senhor Jesus Cristo... com o Pai e o Espírito Santo.

Assembleia – Amém.

Presidente – A paz do Senhor esteja sempre convosco.

Assembleia – O amor de Cristo nos uniu.

Presidente ou diácono – Como filhos e filhas do Deus da paz, saudai-vos com um gesto de comunhão fraterna.

(As pessoas se cumprimentam e, às vezes, há um breve canto.)

Fração do pão

Assembleia – Cordeiro de Deus, que tirais o pecado do mundo, tende piedade de nós (2 vezes) / Cordeiro de Deus que tirais o pecado do mundo, dai-nos a paz!

Presidente – Provai e vede como o Senhor é bom; feliz quem nele encontra seu refúgio. Eis o Cordeiro de Deus, que tira o pecado do mundo.

Assembleia – Senhor, eu não sou digno(a) de que entreis em minha morada, mas dizei uma palavra e serei salvo(a).

(Câmeras acompanham o momento da comunhão em que os fiéis se colocam em fila para a comunhão. Um grupo sustenta o canto durante a comunhão.)

Canto da comunhão

Pós-comunhão

(O presidente reza a oração após a comunhão.)

Presidente – Por Cristo, nosso Senhor.

Assembleia – Amém.

GC – Ritos Finais

(Câmeras acompanham o momento do comentário final, em que se indica um compromisso da semana e são feitos os comunicados finais, e, a seguir, o padre dá a bênção e há o canto final.)

Comentarista – (Faz um comentário final e dá os avisos.)

Bênção final

Presidente – O Senhor esteja convosco!

Assembleia – Ele está no meio de nós!

Presidente – Abençoe-vos o Deus todo-poderoso, Pai, Filho e Espírito Santo!

Assembleia – Amém!

Presidente – Glorificai o Senhor com vossa vida! Ide em paz, e o Senhor vos acompanhe!

Assembleia – Graças a Deus!

Comentarista – Obrigado a você que rezou conosco e esteve em comunhão com a comunidade. Que sua semana seja abençoada e que a Eucaristia aqui celebrada possa se tornar "pão partido" em sua vida, no serviço aos irmãos. Até o próximo domingo!

Canto final

GC – Créditos de encerramento.

VT – Vinheta de encerramento.

Roteiro – Missa de televisão – Modelo 2

Ficha técnica

Arquidiocese – diocese_____

Domingo_____

Cidade e data_____

Dados para o GC (gerador de caracteres)

Equipe responsável pela produção_____

Comentarista_____

Presidente da celebração_____

Nome de quem faz as leituras e o salmo:

primeira leitura_____

segunda leitura_____

salmista_____

Coral ou grupo musical_____

Outras participações_____

Posição das câmeras

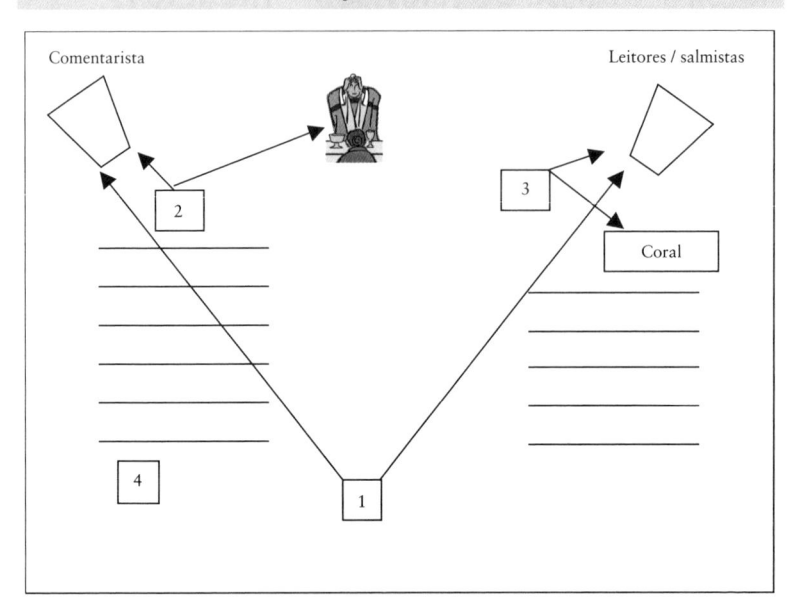

Orientação para os câmeras – 1, 2 e 3 no tripé – 4 solta

CÂM. 1 – geral, celebrante no altar (variando os enquadramentos)

CÂM. 2 – comentarista/opções para assembleia e celebrante

CÂM. 3 – leitores, coral, opção para assembleia

CÂM. 4 – solta; privilegia a assembleia, atua nas procissões e busca detalhes de toda a celebração

Missa de televisão – Roteiro técnico

(Este segundo modelo pode ser feito em duas colunas, uma para a imagem e outra para som e texto. No intuito de ajudar, apresentamos apenas parte da celebração roteirizada.)

Imagem	Som – Texto
VT	Vinheta de abertura
PM CÂM. 2 – Comentarista	Bom dia (Boa tarde, Boa noite), irmãos e amigos reunidos aqui na Igreja (dizer onde está sendo celebrada a missa)... e você que nos acompanha pela TV... Sejam bem-vindos a esta celebração! Hoje a Igreja celebra... (Continua o comentário do dia. Convida a acompanhar a procissão e o canto de entrada.)
GC – RITOS INICIAIS	
CÂM. 3 – Coral ou grupo GC (Nome do coral) CÂM. 2 – Procissão CÂM. 4 – Acompanha o padre	(Canto de entrada de acordo com a ocasião.)
PM CÂM. 1 – Padre GC com o nome do padre	(Acolhe os fiéis e inicia a celebração.) Em nome do Pai e do Filho e do Espírito Santo.
PG – CÂM. 3 – Assembleia Opção para CÂM. 2	Amém!
PM – CÂM. 1 – Padre	A graça de nosso Senhor... estejam sempre convosco!
PG – CÂM. 3 – Assembleia	Bendito seja Deus que nos reuniu no amor de Cristo!
GC – ATO PENITENCIAL	

PM – CÂM. 1 – Padre	No início desta celebração eucarística, peçamos a conversão do coração, fonte de reconciliação e comunhão com Deus e com os irmãos e irmãs. (Pausa. Rezado ou cantado.)
PM – CÂM. 2 / CÂM. 3 – Mostra o povo	(Música de fundo suave.)
PM – CÂM. 1 – Padre	Tende compaixão de nós, Senhor!
PA – CÂM. 4 – Povo	Porque somos pecadores.
PM – CÂM. 1 – Padre	Manifestai, Senhor, a vossa misericórdia.
PDiagonal (vela do altar)	E dai-nos a vossa salvação.
PA > PM – CÂM. 1 e 4 – Padre percorre a igreja aspergindo os fiéis com água benta	
PM – CÂM. 1 – Padre	Deus misericordioso, tenha compaixão de nós, perdoe os nossos pecados e nos conduza à vida eterna.
PG/PA – CÂM. 3 – Povo	Amém!
PM – CÂM. 2 – Comentarista	Perdoados pela misericórdia divina, glorifiquemos a Deus com o canto do "Glória" (esse comentário pode também ser omitido e entrar-se direto com o canto.)
PG – CÂM. 3	(Canto do "Glória"...)
PM – CÂM. 4 – Assembleia, coral	
PM – CÂM. 1 – Padre	Oremos (Pausa... segue oração.)
CÂM. 4 – PD – Durante a pausa, a câmera pode focar algum *close* ou símbolo	(Música de fundo suave.)
PG – CÂM. 3 – Assembleia	Amém!
GC – LITURGIA DA PALAVRA	

PG – CÂM. 1 – PA – CÂM. 4 – Acompanhar a procissão da Palavra, pessoas e símbolos	
PM – CÂM. 2 – Comentarista	Acolhamos a Palavra de Deus com alegria e vibração! A Palavra vem acompanhada... cantando...
PG – CÂM. 1 – PA – CÂM. 3 – Chegando ao altar, a Palavra é colocada no ambão para a proclamação – Povo de pé	(Canto de acolhida da Palavra.)
PM – CÂM. 2 – Comentarista – sentados GC – Citação bíblica	(Introduz as duas leituras.) Na leitura de hoje Deus nos convida a...
PM – CÂM. 3 – Leitor 1	Leitura da... (Final...) Palavra do Senhor!
PG – CÂM. 2 ou PA – CÂM. 4 – Assembleia	Graças a Deus!
PM – CÂM. 3 – Salmista	(Canta o salmo, iniciando pelo refrão do dia.)
CÂM. 4/CÂM. 2 – PA Assembleia/coral	(Repete o refrão.)
PM – CÂM. 3 – Salmista	(Versos – normalmente 2 ou 3.)
PM – CÂM. 3 – Leitor 2	Leitura da... (Final...) Palavra do Senhor!
PG – CÂM. 4 – Assembleia	Graças a Deus!
PA/PM/PG – CÂM. 3 – 2 – Coral – Assembleia de pé	(Canto de aclamação.)
PM – CÂM. 1 – Padre	O Senhor esteja convosco!
PG – CÂM. 2 – Assembleia	Ele está no meio de nós.
PM – CÂM. 1 – Padre – Opções de contraplano	Proclamação do Evangelho de Jesus Cristo segundo... (Final...) Palavra da salvação!
PG – CÂM. 4 – Povo	Glória a vós, Senhor!

PM – CÂM. 1 – Padre – durante a homilia, pode-se mostrar alguma ilustração alusiva ao tema ou a assembleia.	(HOMILIA.)
PM – CÂM. 1 – Padre convida os fiéis à oração do "Credo"	Creio em Deus Pai...
PG – CÂM. 3	... Todo-poderoso, criador do céu e da terra...

(Com esses critérios, pode-se continuar detalhando o roteiro até o final da celebração.)

Final

GC – Créditos de encerramento.

VT – Vinheta de encerramento.

7. Transmissão pela *web*[1]

Para transmissões pela *web*, há algumas recomendações que se aplicam não somente a missas e celebrações, e estão relacionadas a limitações técnicas. Como as mudanças da tecnologia são velozes, alguns indicativos podem ajudar quem tem *web rádio* e *web tv*.

Quanto maior a qualidade de áudio e vídeo, maior a banda consumida. É preciso considerar, portanto, a realidade do público que acessará a transmissão; se ele não contar com uma boa conexão, o sinal pode ser interrompido de tempos em tempos e aparecer a mensagem de "armazenando em *buffer*" – um ruído na comunicação.

Para superar esse tipo de problema é recomendável que no ponto de origem haja largura de banda suficiente para enviar o sinal (*upload*) e estabilidade para evitar oscilações. Ao planejar uma transmissão ao vivo, deve-se considerar a "velocidade" de *upload* do *link* de internet (os *links* mais comuns e acessíveis têm 10 ou mais megabits por segundo, mas para *download*; o *upload* costuma ser limitado a 20% disso) e a garantia do provedor (contratualmente, as operadoras não são obrigadas a entregar a velocidade total).

---

[1] Contribuição de Rubens Meyer.

Como regra geral, convém evitar transmissões que usem conexões do tipo ADSL (que utilizam os cabos de cobre da telefonia tradicional), pois são as mais limitadas em relação a tais questões. Conexões via cabo tendem a ser mais estáveis, mas a melhor opção, quando disponível, é a fibra ótica. *Links* de operadoras móveis apresentam muitas oscilações.

Sempre que possível, use um serviço de transmissão que ajuste a qualidade conforme a banda disponível na ponta do usuário.

Considerando o crescimento significativo do universo de pessoas que acessam a internet usando smartphones e tablets, dar preferência a soluções compatíveis com diferentes telas, sistemas e resoluções.

Para eventos abertos, sem necessidade de bloquear o acesso, o YouTube é hoje uma solução interessante. Contas validadas no serviço têm permissão para transmitir ao vivo usando o Google HangOuts OnAir (mais simples) ou a solução completa, com possibilidades de personalização, agendamento e outros recursos.

O controle de direitos autorais é rigoroso e pode interromper uma transmissão ou até bloquear o canal utilizado. Nesse sentido, é fundamental manter um *backup* de todo o conteúdo e definir estratégias para eventuais punições, que pode até ser a remoção de seu acesso ao serviço.

Problema comum nas igrejas, o som precisa ser bem captado e monitorado durante a transmissão. É recomendável capturar o sinal direto da mesa de áudio ou apontar um microfone direcional para uma caixa; usar o som ambiente tende a prejudicar o resultado, exceto no caso de cantos e momentos semelhantes.

Não se deve, portanto, trabalhar com câmeras sem entrada de microfone ou sem uma mesa de áudio, que permita fazer ajustes e monitorar com um bom fone de ouvido.

Na captação de imagens, considerar que muitos usuários não assistirão em tela cheia, portanto, convém evitar planos muito abertos que dificultam a visualização de detalhes. Como o vídeo precisa ser comprimido, deve-se evitar também movimentos bruscos, muito rápidos, que geram um "borrão" na tela.

Decálogo para comunicar-se melhor

1. Seja natural. A consciência do próprio potencial e a confiança em si mesmo(a) conferem credibilidade à comunicação. Seja natural no falar e no olhar.
2. Viva intensamente o momento presente. Concentre-se no que vai fazer e em seus objetivos. Só assim vai dar o melhor de si.
3. Esteja bem consigo mesmo(a). Além de fazer bem a você, é uma responsabilidade para com o público. Descubra seu jeito de harmonizar-se.
4. Cultive a capacidade de transcender aos próprios problemas para colocar-se a serviço do outro.
5. Seja simples. Trate o outro como próximo, nem acima nem abaixo de você. Cada um tem seu lugar ao sol.
6. Seja gratuito(a). Não espere nem dependa da aprovação alheia. Fique de pé sobre suas pernas e vá em frente.
7. Aceite críticas. Ouvir, acolher, avaliar e dispor-se a rever, tomando distância, sem dar demasiado peso a ponto de desestimular-se. Relativize.
8. Prepare-se para o que vai fazer: preparação imediata e remota.

9. Concentre-se no que vai viver. Não se distraia com os problemas ou preocupações, nem desvie a mente de seu objetivo.

10. Faça sua parte da melhor maneira possível. Dê tudo de você e cultive a sinergia. Mantenha-se em sintonia com os outros.

Considerações finais

Um dos grandes desafios, senão o maior, para a liturgia, continua sendo *o modo de comunicar*. Esse desafio é devido não apenas à complexidade teórica de cada um dos temas, tanto da liturgia quanto da comunicação, mas também à capacidade de o ser humano absorver o conteúdo e vivenciá-lo. O *modo de comunicar* envolve, sobretudo, a capacidade de traduzir teoria em práticas, processos, trabalho em equipe, preparação contínua.

Para além dos conteúdos litúrgicos, bíblicos, doutrinais, as equipes precisam trabalhar a comunicação pessoal e sua disposição contínua em servir, na alegria e na disponibilidade. A causa assumida envolve o aspecto religioso, que é espaço sagrado da vida. Muitas pessoas continuam procurando a comunidade cristã a fim de receber força e reencontrar o sentido para sua vida.

Comunicação e liturgia envolvem humano e divino numa síntese em que, mesmo partindo do divino, o humano se torna porta de entrada para Deus.

Por isso, todos os recursos humanos se colocam à disposição para que as pessoas possam experimentar a presença de Deus, na vivência do mistério através da liturgia e no cotidiano.

Referências bibliográficas

ALBISETTI, Valério. *Como vencer a timidez*. São Paulo: Paulinas, 2004.
ALDAZÁBAL, José. *Vocabulário básico de Liturgia*. São Paulo: Paulinas, 2013.
AVANTI, Gigi e Francesco. *Le domande dei figli da 0 a 15 anni*. Milano: Paoline, 1998.
BABIN, Pierre; ZUKOWSKI, Angela A. *Mídias, chance para o Evangelho*. São Paulo: Loyola, 2005.
BUYST, Ione. *A Palavra de Deus na liturgia*. São Paulo: Paulinas, 2004. (Coleção Rede Celebra, 1).
_____. *Homilia partilha da Palavra*. São Paulo: Paulinas, 2004. (Coleção Rede Celebra. 3).
_____. *O ministério de leitores e salmistas*. São Paulo: Paulinas, 2004. (Coleção Rede Celebra, 2).
_____ (org.). *Domingo, dia do Senhor*. São Paulo: Paulinas, 2004. (Coleção Rede Celebra, 5).
_____. *Celebrar com símbolos*. São Paulo: Paulinas, 2001.
_____. *A Missa – memória de Jesus no coração da vida*. São Paulo: Paulinas, 2004. (Coleção Celebrar).
_____. *Celebração do domingo ao redor da Palavra de Deus*. São Paulo: Paulinas, 2002.
CNBB. *Diretório de Comunicação da Igreja no Brasil*. Doc. 99. São Paulo: Paulinas, 2014.
_____. *Igreja e comunicação rumo ao novo milênio*: conclusões e compromissos. Doc. 59. São Paulo: Paulinas, 1997.

_____ *Missa de rádio e televisão*. Estudos 70. São Paulo: Paulus, 1994.

_____. *Orientações para a celebração da Palavra de Deus*. Doc. 52. São Paulo: Paulinas, 1994.

COSTA, Valeriano Santos (org.) *Liturgia*: peregrinação ao coração do mistério. São Paulo: Paulinas, 2009.

CORAZZA, Helena. *Acolher é comunicar*: como trabalhar o ministério da acolhida. São Paulo: Paulinas, 2002.

CORAZZA, Helena; PUNTEL, Joana. *Pastoral da Comunicação, diálogo entre fé e cultura*. São Paulo: Paulinas, 2007.

FRANCISCO, Papa. *A alegria do Evangelho*. São Paulo: Paulinas, 2013.

LAGACHE, Sylvie. *Respirando a vida*: iniciação para um trabalho de integração corpo-espírito. São Paulo: Paulinas, 2004.

MACHADO, Regina Céli de Albuquerque. *O espaço da celebração*: mesa, ambão e outras peças. São Paulo: Paulinas, 2001. (Coleção Rede Celebra, 4).

MEDRANO, Adam. In: BARROS, José Tavares (org.). *Imagens da América Latina*. São Paulo: Loyola, 1997. p. 75-84.

MORAN, José Manoel. *Mudanças na comunicação pessoal*: gerenciamento integrado da comunicação pessoal, social e tecnológica. São Paulo: Paulinas, 2000.

NUCAP; PASTRO, Cláudio. *Iniciação à liturgia*. São Paulo: Paulinas, 2012.

_____. *Mistagogia*: do visível ao mistério. São Paulo: Paulinas, 2014.

PUNTEL, Joana T. *Cultura midiática e Igreja, uma nova ambiência*. São Paulo: Paulinas. 2005.

SEPAC. Laboratório. *Vídeo: da emoção à razão*. São Paulo: Paulinas/SEPAC, 2007.

_____. *Mídias digitais*: produção de conteúdo para a *web*. São Paulo: Paulinas/SEPAC, 2012.

_____. *Rádio: a arte de falar e ouvir.* São Paulo: Paulinas/SEPAC, 2012.

_____. *Espiritualidade: consciência do corpo na comunicação.* São Paulo: Paulinas/SEPAC, 2006.

SONNTAG, Robert. *Arte de diminuir a tensão.* São Paulo: Paulinas, 2001.

SOUSA, Mauro W. *Novas linguagens.* São Paulo: Salesiana, 2003.

TEIXEIRA, Nereu de Castro. *Comunicação na liturgia.* São Paulo: Paulinas, 2003.

TURRA, Luiz. *Vamos participar da missa?* São Paulo: Paulinas, 2012.

VATICANO II. *Sacrosanctum concilium.* São Paulo: Paulinas, 1967.

Impresso na gráfica da
Pia Sociedade Filhas de São Paulo
Via Raposo Tavares, km 19,145
05577-300 - São Paulo, SP - Brasil - 2016